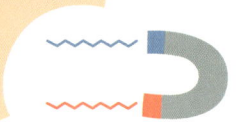  

머리말

과학적 소양을 가질 수 있도록 이끄는 과학퍼즐

"은아야, 넌 꿈이 뭐야?"

"음~ 난 말이야, 미스 유니버스가 되어서 외로운 사람들에게 힘이 되어 줄 거야."

어린 시절 친구들과 미래의 모습을 상상하며 눈을 반짝였던 모습이 아직도 또렷합니다. 이런 저의 꿈과 달리 그 시절 아이들에게 장래희망을 물으면 열 명 중 서너 명이 "과학자요!"라고 대답했던 기억이 납니다. 그리고 그 어린이들 덕분에 현재 대한민국은 세계가 부러워하는 모습으로 성장했습니다.

과학은 세상을 바라보고 이해하는 눈과 마음을 키워 주는 학문입니다. 그렇기에 호기심으로 가득 찬 어린이들이 과학적 소양을 가질 수 있도록 이끄는 것은 미래 사회를 위해서도 대단히 중요합니다. 과학적 소양을 기르기 위해서는 우선 탐구심, 호기심 등을 두루 갖추어야 합니다. 또한 모든 학문이 그렇듯 최고의 선생님은 '경험'입니다. 어린 시절의 다양한 과학적 체험은 아이들의 무한한 호기심을 채워 주고 탄탄한 과학 지식까지 갖추게 해 줄 것입니다.

다행히 우리나라에는 생태박물관, 과학전시관, 천체관측관, 기술과학관 등 많은 체험학습 장소가 있어 어렵지 않게 이용하면서 과학에 대한 궁금증을 해소할 수 있습니다. 또 과학의 날을 맞아 실시하는 학교 행사에도 적극적으로 참여한다면 생활 속의 과학으로 더욱 친숙하게 느낄 수 있을 것입니다.

　자녀가 더 나은 미래로 나아가는 것을 원하는 부모라면 드넓은 과학의 세계로 향하는 문 앞에서 아이들이 좌절하지 않도록 잘 이끌어야 합니다. 그러면 그다음은 아이들이 모두 알아서 할 겁니다. 우리가 그래 왔듯, 우리 아이들도 그렇게 하겠지요.
　이 책은 초등학생, 나아가 중학생이 알아야 할 과학 용어를 중심으로 구성한 퍼즐입니다. 쉬운 문제와 어려운 문제를 골고루 섞어 아이들이 지치지 않고 흥미를 가질 수 있도록 배치했으며, 중간에 재미있게 읽을 수 있는 과학 이야기도 곁들였습니다. 가족이 함께 과학퍼즐을 풀면서 과학 용어를 익히다 보면 세상을 향해 더 깊어진 아이의 눈을 발견하게 될 것입니다.

이 책의 구성

가로세로 과학퍼즐

과학 교과서에 등장하는 용어를 가로세로 퍼즐로 구성했어요.
모르는 용어가 나와도 당황하지 말고 가로 열쇠, 세로 열쇠 상관 없이
아는 문제를 먼저 풀면서 하나하나 칸을 채워 보세요.

뉴턴이 발견한 법칙은 뭘까?

과학 속 흥미롭고 놀라운 이야기

과학과 관련된 재미있는 이야기가 실려 있어요. 흥미롭게 읽으면서
과학 지식도 쏙쏙 쌓아 보세요.

과학 공부는 재밌어!

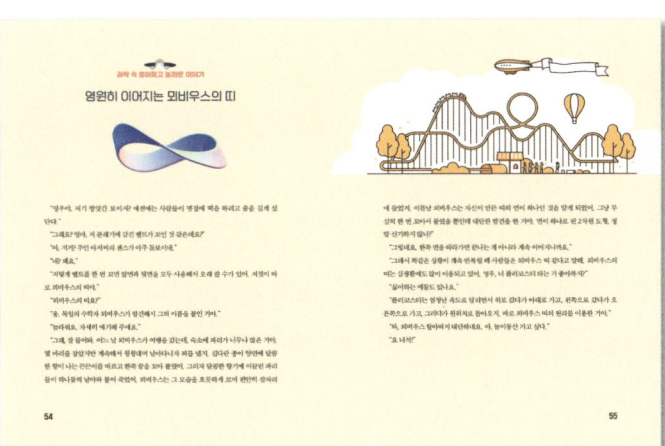

뫼비우스의 띠가 뭘까?

롤러코스터가 뫼비우스의 띠라고?

정답

과학퍼즐의 정답은 뒤쪽에 실려 있어요. 그렇지만 정답을 먼저 보지 말고 찬찬히 생각하면서 스스로 풀어 보세요. 여러분의 과학 실력이 쑥쑥 늘어 있을 거예요!

와, 다 맞았다!

흠, 역시 나는 과학 천재!

  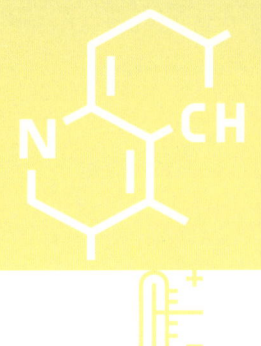

🗝 가로 열쇠

1 기압을 측정하는 기기예요.

3 빛이 여러 방향으로 흩어지는 것이에요.

5 우리 조상들이 계절의 변화를 정확히 알기 위해 한 해를 스물 넷으로 나눈 것이에요.

7 공기가 외부로 열을 빼앗기거나 얻지 않고 일어나는 기온 변화를 말해요.

8 동물의 여러 기관이 모인 것으로, 순환계, 호흡계, 신경계 등이 있어요.

10 우라늄이나 플루토늄의 핵반응에 의해 얻어지는 에너지예요.

11 플라스크나 비커를 올릴 수 있게 만든 다리가 3개인 받침대예요.

13 암수가 한몸에 있어요.

🗝 세로 열쇠

1 고구마, 수박, 딸기처럼 땅 위로 기어서 뻗는 줄기를 말해요.

2 기후의 변화에 따라 봄, 여름, 가을, 겨울로 나눈 것이에요.

4 땅이 황폐해져 사막으로 변하는 현상이에요.

6 기온, 습도 등의 성질이 일정한 큰 공기 덩어리가 한 곳에 오래 머무르는 것이에요. 북태평양○○, 시베리아○○ 등이 있어요.

9 식물에서 양분과 물이 이동하는 통로예요.

10 물체가 원을 그리며 움직이는 것을 말해요.

12 인슐린을 만드는 곳으로, 보통 췌장이라고 불러요.

1		**2**		**3**		**4**
		5	**6**			
			7			
8	**9**					
				10		
11		**12**				
		13				

🗝 가로 열쇠

1. 이산화탄소 같은 온실가스가 대기를 둘러싸서 지구가 온실처럼 더워지는 것을 말해요.
3. 태양이 만든 그림자를 이용한 시계예요.
4. X선 사진 촬영 때 인체 내부를 잘 볼 수 있게 해 주는 약품이에요.
6. 모든 화합물을 구성하는 원소의 무게비는 일정하다는 법칙이에요.
8. 타원 은하, 나선 은하, 막대 나선 은하 등과는 다르게 모양과 구조가 일정하지 않은 은하를 ○○○ 은하라고 불러요.
9. 꼬리가 없는 양서류로 '○○○ 올챙이 적 생각을 못한다'는 속담이 있어요.
10. 다 자라 생식 능력을 가진 개체를 말해요.

🗝 세로 열쇠

1. 따듯하거나 차가운 정도를 맞추어 나가는 걸 말해요.
2. 봄, 여름, 가을, 겨울 등 네 가지 계절을 의미하는 한자어예요.
3. 천왕성의 이웃 행성으로, 165년에 한 번씩 태양 주위를 돌아요. 넵튠.
5. 정지한 물체는 계속 정지해 있고, 움직이는 물체는 같은 속도로 계속 움직인다는 관성의 법칙을 '뉴턴의 ○○○○'이라고 해요.
7. 마그마가 용암이나 가스로 분출되는 불구멍이에요.
8. 금속 원소를 태우면 특유한 색을 나타내는데, 이것을 ○○반응이라고 해요.
9. 하나의 독립된 생물체를 말해요.

1						**2**
				3		
4			**5**			
		6			**7**	
8				**9**		
			10			

11

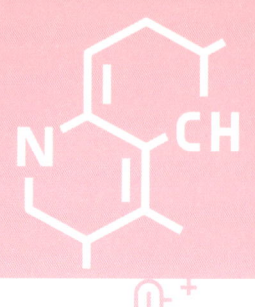

🗝️ 가로 열쇠

1. 한해살이 식물로 노란 열매를 여름철에 쪄먹으면 맛있어요. 우리나라에서는 강원도가 주 생산지예요.
3. 원유를 정제할 때 발생하는 반투명 고체로, 양초의 원료로 사용해요.
4. 높은 곳에 있는 물체가 중력에 의해 갖게 되는 에너지를 말해요.
6. 주로 냇가 응달에 살며 꽃봉오리가 옥비녀처럼 생겼다고 붙여진 이름이에요. 부레옥잠과 비슷한 듯하지만 달라요.
9. 산성에서는 노란색, 중성에서는 초록색, 염기성에서는 파란색으로 나타나는 지시약이에요.
11. 넓적다리뼈, 정강이뼈, 종아리뼈 등을 합쳐 부르는 말이에요.

🗝️ 세로 열쇠

2. 물에 녹지 않는 기체를 모으는 방법으로, 물이 가득 찬 집기병을 물속에 넣은 후 집기병 속으로 기체를 넣어 물과 바꾸어요.
3. 끈끈이주걱처럼 곤충을 잡아먹는 식물이에요. 영어로는 'Flytrap'이에요.
5. 용질이 용매에 최대한 녹아 있는 상태의 용액을 말해요.
7. 가슴을 둘러 싼 뼈로, 내장 기관을 보호해요.
8. 구글의 인공지능 이름이에요.
10. 계면활성제가 들어 있어 옷이나 몸에 있는 때를 씻겨 줘요.

04

🗝 가로 열쇠

2. 적혈구 속의 단백질로 산소를 운반해요.
5. 과학자들은 빛도 매질이 필요할 것이라 생각하고 이 매질을 ○○○라고 불렀지만 실험 결과 존재하지 않는 것으로 밝혀졌어요.
6. 지구 내부의 어떤 원인에 의해 땅이 흔들리고 갈라지는 현상이에요.
8. 씨앗 속에 있는 이것이 자라 원뿌리가 되지요.
9. 퇴적암에는 평행층리, 사층리, ○○○○ 등 다양한 층리가 나타나요.
11. 생물을 둘러싼 환경을 통틀어서 ○○○라고 말해요.

🗝 세로 열쇠

1. 빛이 가지고 있는 에너지를 말해요. 단위는 'J(줄)'이에요.
2. 진동수의 단위이며, 독일의 하인리히 헤르츠가 발견했어요.
3. 우리가 흡수한 영양소 중 지질은 소장에서 담즙에 의해 지방산과 ○○○○으로 분해돼요.
4. 핏속에 적혈구가 부족해 어지럽거나 얼굴이 창백해지는 증상이에요.
7. 일정한 공간에 어떤 물질도 존재하지 않는 상태를 말해요.
8. 액체가 고체로 변하는 온도를 말해요. 물의 ○○○은 0℃예요.
10. 층을 이룬 구름으로 안개구름이라고도 해요.

1		2		3		4
5						
6	7		8			
			9		10	
11						

가로 열쇠

2 생물 화석이 기원이 되는 석탄, 석유, 천연 가스 등의 연료예요.
4 지구보다 안쪽에서 태양을 도는 행성들이에요.
5 상층 구름 중 하나로 잔물결 모양의 조각구름이에요.
7 ○○와 난자가 수정해 번식을 하지요.
10 일기도에서 같은 기압이 형성된 곳을 연결한 선이에요.
12 대기 중에서 일어나는 모든 현상을 말해요.
13 크기와 모양만 변할 뿐 성질은 바뀌지 않는 변화를 뜻해요.

세로 열쇠

1 수컷의 정자가 암컷의 몸 안에서 수정이 이루어지는 것을 말해요.
2 마그마가 지표면이나 지하에서 냉각되어 만들어진 암석이에요.
3 판에는 지각과 맨틀을 합친 암석권과 그 아래에 ○○○이 있어요.
6 태양광 스펙트럼에서 가시광선보다 파장이 길어 적색선보다 바깥쪽에 있는 전자기파예요.
8 자기장의 인력과 반발력만으로 물체를 띄우는 방법이에요. ○○○○ 열차.
9 상대적으로 복잡한 체제와 기능을 가진 동물을 말해요.
11 액체에서 기체로 바뀌는 물질 변화를 말해요.

1			2			3		
4								
						5		6
7	8			9				
				10				
								11
12				13				

과학 속 흥미롭고 놀라운 이야기

π(파이)데이

'3월 14일'

무슨 날일까요?

3월 14일은 끝날 것 같지 않은 수를 갖고 있는 원주율을 기념하는 '파이의 날'이에요. 원주율인 '3.141592653…'의 앞 숫자를 딴 3월 14일에는 수학을 사랑하는 세계인들이 파이를 먹으며 축제를 열어요.

수학을 사랑하는 세계인들은 왜 원주율에 열광할까요?

인류가 발명한 물건 중 바퀴는 인류의 삶을 바꿔놓은 혁명적인 물건이에요. 바퀴가 나오기까지 인류는 원을 찾아내고 활용하며 직선이 하지 못한 일을 원을 이용해 해결했어요. 그러면서 원과 지름의 관계에 대해 생각하게 되었고, 원주율을 찾아냈지요.

원주율을 측정한 방법은 컴퍼스의 원리를 이용하는 것이었어요. 막대에 줄을 묶고 중심을 잡아 원을 그린 후 둘레와 지름을 비교했더니 지름을 잰 줄이 원 둘레를 세 번 감고 7분의 1 정도 남는 것을 알아냈어요.

고대 그리스의 철학자 아르키메데스는 원주율을 최초로 계산한 것으로 유명해요. 그는 원 안팎에 정다각형을 그리고, 원 둘레가 안쪽 정다각형 둘레보다는 길고, 바깥쪽 정다각형 둘레보다는 짧다는 원리를 이용해 계산했어요. 즉, 지름이 1m인 원에 내접하는 정구십육각형의 둘레는 3.1408m, 외접하는 정구십육각형의 둘레는 3.1428m, 따라서 이 두 값 사이인 3.1418m가 원주율임을 밝혀낸 것이죠. 아르키메데스가 계산한 원주율은 소수점 둘째 자리까지 정확했어요. 그래서 'π(파이)'를 '아르키메데스의 수'라고도 합니다.

아르키메데스가 원주율을 계산했지만 'π(파이)'로 부르기 시작한 것은 18세기경이었어요. 스위스의 수학자 오일러는 둘레를 의미하는 그리스어 'περιμετρος'의 첫 글자를 따서 원주율을 표기했어요. 독일의 수학자 요한 람베르트는 원주율이 무리수임을 밝혀냈답니다.

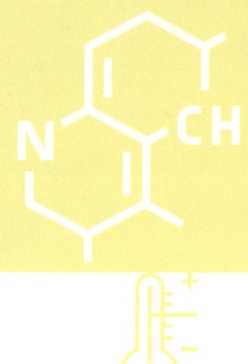

🗝 가로 열쇠

1 GPS 수신기를 사용해 현재 위치와 가고자 하는 곳의 방향과 거리 등을 알려 줘요. 자동차에 많이 달려 있지요.

4 위도와 ○○로 지구상의 위치를 나타내요. 남극과 북극을 연결한 선을 이용해서 동서로 얼마나 떨어져 있는지 알 수 있어요.

6 기체 상태의 화합물이나 혼합물을 냉각하거나 압축해 액체로 만든 가스예요.

8 등과 배가 납작하고 평평한 동물로 플라나리아, 디스토마, 촌충 등이 있어요.

10 공기나 물속을 지날 때 저항을 적게 받는 모양을 말해요.

🗝 세로 열쇠

1 신체 내부를 살펴볼 수 있는 의료기구예요. 위장 ○○○, 대장 ○○○.

2 이자에서 만들어지는 소화액으로 아밀레이스, 트립신, 라이페이스 등이 있어요.

3 '만물의 근원은 물'이라고 말한 고대 그리스의 수학자예요.

5 길이, 부피, 질량 등을 재는 법을 말해요.

7 인간이 눈으로 볼 수 있는 빛이에요.

8 지구의 중위도 지역에 부는 바람으로 서쪽에서 동쪽으로 불어요.

9 지구 자전축이 태양에서 가장 멀어지는 점으로 겨울의 시작을 알려 주지요.

10 별똥별의 다른 이름이에요.

	1			2			3	
4	5			6		7		
8		9						
					10			

  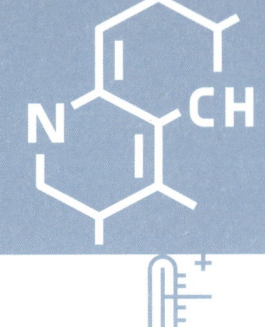

가로 열쇠

2 자갈로 이루어진 암석이에요.
3 수만 개의 별들이 공처럼 둥글게 모여 있는 것을 말해요.
4 소련이 발사한 우주 정거장의 이름이에요.
5 지구상의 생물 중 동물이 속하는 분류 계급이에요.
7 지진과 화산이 자주 발생하는 지역을 말해요.
9 먼 곳을 아주 가깝게 볼 수 있게 해 주는 도구예요.
11 몽골에 있는 아주 큰 사막이에요. 봄철에 이곳에서 날아온 모래바람을 황사라고 해요.

세로 열쇠

1 지구가 더워지는 현상이에요. 인간이 배출하는 이산화탄소 때문에 일어나지요.
2 단층면을 경계로 아래쪽이 위로 올라간 상태를 말해요.
4 아주 작아서 눈으로 볼 수 없는 생물이에요.
5 중심에서 퍼져 나가는 원이 여러 개가 있는 모양이에요.
6 오르내리기 위해 만든 층층대예요.
8 대기 중의 산성 물질이 빗물에 녹아 내리는 비예요.
9 눈 뒤쪽에 있으며 물체를 구분할 수 있게 해 줘요.
10 망원경이나 현미경의 대물렌즈와 접안렌즈의 거리를 일정하게 유지해 주는 통이에요.

1			2				
3					4		
				5		6	
7	8						
			9		10		
11							

🗝️ 가로 열쇠

1 사람이 우주에 오래 머물 수 있게 만든 기지예요.
4 영국의 애드먼드 핼리가 발견한 혜성으로 76년을 주기로 태양을 돌아요.
5 대륙붕에 퇴적된 생물의 유기물이 높은 압력과 열을 받아 만들어진 기름이에요.
7 전기 현상의 근원으로 음○○와 양○○가 있어요.
9 담수에 사는 대표적인 편형동물이에요.
10 공기의 78%를 차지하는 기체로 원소 기호는 'N'이에요.
12 6월 하순에서 7월 하순까지 우리나라에 많은 비가 내리는 시기를 말해요.

🗝️ 세로 열쇠

1 인류가 발견한 최초의 은하예요. 은하수는 ○○○○의 모습이에요.
2 빛이 같은 방향으로 반사되는 것을 말해요.
3 지구 지각의 가장 흔한 광물로 화성암에 많아요. 도자기나 유리를 만드는 재료예요.
6 판 구조론에 따르면 지구의 표면은 ○○○○○○, 북아메리카판, 태평양판 등으로 구성되었다고 해요.
7 용매에 의해 녹아 전기가 통하는 물질을 말해요.
8 열대 지방부터 추운 산악 지방까지 고루 서식하는 나무로 사군자 중 하나예요.
11 우리가 먹은 음식물은 입→위→○○→대장→항문을 거치며 소화가 이루어져요.

🗝 가로 열쇠

2 바람의 힘을 이용해 전기 에너지를 만드는 것이에요.
4 소나무가 상처를 입으면 이것을 배출해 자신을 보호해요.
5 빛이 100% 반사되는 것이에요. 광케이블이나 사진기의 펜타프리즘은 이 원리를 이용한 거예요.
6 전기 에너지를 역학적 에너지로 바꿔 주는 기계장치예요. 전기 모터.
8 ○○○○ 장치는 인공위성을 이용해 정확한 위치를 알려 줘요. GPS.
10 특정 지역의 기상을 그림으로 나타낸 것이에요.
11 ○○동물은 긴 원통형의 몸을 가진 동물로 '선충'이라고 해요.

🗝 세로 열쇠

1 태양의 빛 에너지를 전기 에너지로 전환시켜 줘요.
2 ○○바이러스 감염으로 발진과 열이 나는 2급 전염병이에요.
3 전기장과 자기장이 주기적으로 변화하면서 전달되는 파동이에요.
4 냇가에서 흔히 볼 수 있는 물고기는 피라미와 이것이에요.
6 전류의 흐름을 방해하는 것으로, 단위는 'Ω(옴)'이에요.
7 진흙이 오랜 세월 퇴적되어 형성된 퇴적암이에요. 천연가스 이름이기도 해요.
8 ○○와 경도로 지구 위의 위치를 나타내지요.
9 곡선이나 직선 또는 평면이나 곡면에 수직인 직선을 말해요. 수선과 같은 말이에요.

1			2			3
		4				
5				6		
7		8			9	
10					11	

10

🗝 가로 열쇠

1. 자동차 ○○○○와 공장 매연 등이 공기를 오염시켜요.
3. ○○는 전류의 방향이 일정한 주기로 바뀌지만 직류는 그렇지 않아요.
4. 암석의 풍화작용으로 만들어진 흙이에요. 우리 말로는 '굵은 모래'라고 하며 인체에 해가 없어 학교 운동장에도 깔아요.
5. 축구공, 인형 등과 같이 일정한 모양과 크기를 가지면서 공간을 차지하는 것을 뜻해요.
7. 적도에서부터 북극에 이르는 위도를 이렇게 불러요. 남위의 반대말이에요.
8. 지구 환경을 훼손하지 않는다는 의미로 요즘 많이 사용해요. ○○○ 에너지.
10. 계면(서로 다른 물질이 접해 있는 면)에서 표면 장력을 감소시키는 물질로 세제에 많이 들어 있어요.

🗝 세로 열쇠

1. 사람이나 동물이 몸 밖으로 배출한 노폐물이에요. 똥이나 오줌.
2. 휴대 전화에 여러 기능을 넣어 아주 똑똑해진 전화예요.
3. 1997년 일본의 '○○'에서 지구온난화 규제와 방지하기 위해 국제협약을 맺고 '○○ 의정서'를 발표했어요.
6. 심장에서 나온 혈액이 온몸을 도는 것을 말해요.
7. 작은곰자리에서 꼬리 끝에 있는 별이에요. 이 별을 찾으면 방위를 알 수 있어요.
8. 물 분자와 쉽게 결합하는 성질이에요.
9. 천적에게 겁을 주기 위해 눈에 잘 띄는 색이나 무늬로 자신을 보호하는 것을 말해요.

아인슈타인-실라르드 냉장고

"아~ 이런 이런. 또 사람이 죽다니…."

1926년 어느 날, 아인슈타인은 신문에 난 사고 기사를 보고 안타까움에 탄식을 내뱉었어요. 그러면서 동료인 레오 실라르드에게 전화를 했어요.

"레오, 혹시 신문에 난 사고 기사를 보았나?"

"네. 요즘 들어 냉장고 사고가 자주 발생해 정말 안타깝습니다."

"그래, 새로운 기술이 필요하네. 그것도 지금 당장 말이야."

하루에도 수십 번씩 여닫는 냉장고. 이 냉장고 개발에 천재 물리학자인 아인슈타인도 함께했다는 사실을 알고 있나요? 지금이야 모든 사람이 자주 사용하는 가전제품이지만 1920년대만 해도 냉동 기술이 첨단 과학의 한 분야였어요. 당시 열역학 연구가 발전하며 절대영도에 도달하려는 시도가 이어졌고, 자연스럽게 냉동고 개발로 연결되었어요.

그럼, 당시 사용하던 냉동고는 어땠을까요?

여러분이 상상하는 것처럼 아주 세련되지는 않았어요. 구동 방식이 지금과는 달라서 덩치가 매우 클 뿐 아니라 두려움까지 주는 존재였지요. 왜냐하면 지금 우리가 사용하는 냉장고는 인체에 거의 해가 없는 프레온 가스를 냉매로 사용하지만 당시 냉동고에는 유독성 가스인 이산화황을 주로 사용했거든요. 그러다 보니 압축기가 낡거나 파손되면 유독성 가스가 유출되는 사고가 많았답니다. 아인슈타인은 실라르드와 함께 약 8년 동안 연구를 진행했어요. 그리고 마침내 유독성 가스를 쓰지 않는 냉동고 개발했어요.

하지만 이 냉동고는 더 발전된 방식이 출현하며 상용화되지는 못했어요. 그렇지만 빈번한 사고를 막기 위해 힘을 기울였던 두 물리학자의 따뜻한 마음은 아직도 기억되고 있답니다.

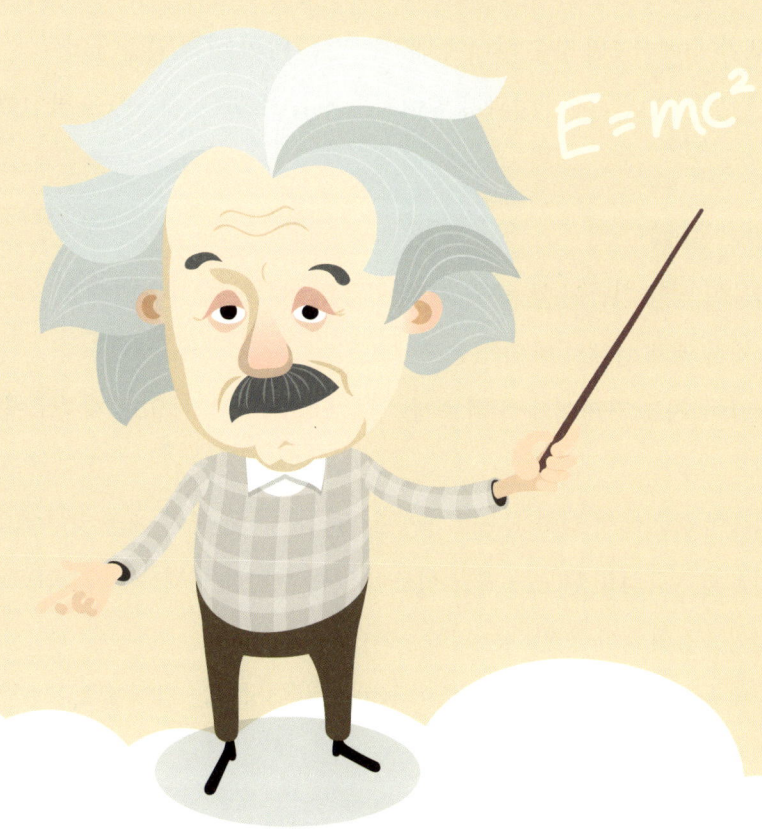

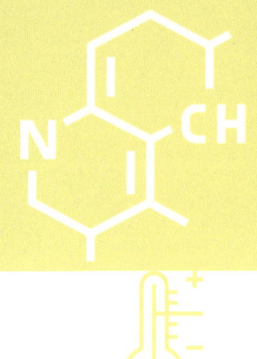

🗝️ 가로 열쇠

2 부영양화된 하천, 호수, 바다 등에 조류가 많이 번식해 물이 녹색이 된 상태를 말해요.
4 세포 분열이나 생장이 활발한 부분이에요. 보통 식물의 줄기와 뿌리 끝에 있어요.
5 전류의 단위로 'A'라고 쓰고 이렇게 읽어요.
7 화성암과 변성암에 흔히 나타나는 조암광물이에요.
8 COVID-19. ○○○바이러스 때문에 전 세계가 너무나 힘들었어요.
9 6월 하순에서 7월 하순 사이에 내리는 많은 양의 비를 일컬어요.
10 뉴턴은 사과나무에서 사과가 떨어지는 것을 보고 ○○○○을 발견했어요.

🗝️ 세로 열쇠

1 식물이 영양 기관인 잎, 줄기, 뿌리 등으로 번식하는 것을 말해요.
2 고체가 액체 상태로 바뀌는 온도예요.
3 용암이 지표 가까이에서 빠르게 식어서 굳어진 암석으로 제주도에서 많이 볼 수 있어요.
6 식물의 줄기에서 잎이 좌우로 방향을 달리하며 한 장씩 나는 것이에요.
7 원유를 정유하면 나오는 휘발 성분이 있는 투명한 액체. 자동차 연료로 사용해요.
8 의식불명의 상태를 일컫는 의학용어예요.
9 줄에 물체가 매달려 있을 때 줄이 물체를 끌어당기는 힘이에요.

가로 열쇠

1 물질의 종류와 성질이 변하는 현상을 말해요.
3 단위는 'cal(칼로리)'이며, 다른 물체 사이에 온도가 전해지는 에너지의 양이에요.
4 대류권과 중간권 사이의 안정적인 대기층이에요.
5 석회동굴에는 종유석, ○○, 석주 등이 있어 매우 아름다워요.
7 인간의 이기심으로 인해 수질, 대기, 토양 등 자연환경이 오염되는 현상이에요.
9 기관과 폐를 연결하는 공기 통로예요.
11 파충류가 번성한 지질시대로 고생대와 신생대 중간에 있어요.
12 원 운동을 하는 물체가 운동을 계속할 수 있게 원의 중심부로 끌어당기는 힘이에요.

세로 열쇠

1 유공충의 화석이에요. 모양과 크기가 동전과 비슷해요.
2 태양에서 네 번째로 떨어져 있는 행성 이름이에요.
3 대기권에서 가장 위쪽에 있는 층이에요.
6 심장, 혈관 등 혈액 순환에 관여하는 기관을 말해요.
8 지구의 맨틀 상부가 열 대류에 의해 이동한다는 가설이에요.
10 태양계에서 생물체가 사는 유일한 행성이에요.
11 지구의 중심 방향으로 물체를 끌어당기는 힘이에요.

	1			2		3	
			4				
5	6						
	7						8
9		10			11		
		12					

 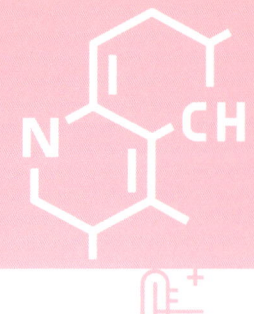

🗝 가로 열쇠

1 한 개의 모세포가 두 개 이상의 딸세포로 나뉘는 것이에요.
4 물질 내부로 빛이 들어오는 양이에요.
6 진딧물 같은 해충을 잡아먹는 딱정벌레예요. 반구형 등이 무당처럼 화려해요.
7 우리 몸에 생기는 병을 일컬어요.
9 탄산가스가 녹아 있는 물이에요.
10 우리 몸의 균형을 잡아 주고, 운동을 가능하게 해 주는 뇌의 부분이에요.
11 물체가 움직인 거리를 걸린 시간으로 나눈 것이에요.

🗝 세로 열쇠

2 우리가 탄수화물을 섭취하면 ○○○으로 분해돼요.
3 물체가 가지고 있는 고유한 양이에요.
5 상처에 이것을 바르면 흰 거품이 부글부글 생겨요.
6 철분이나 아연 같은 ○○○은 우리 몸의 기능을 조절해 주는 영양소예요.
8 질병을 유발하는 세균이에요.
9 원래대로 돌아가려는 힘을 말해요.

1	**2**					**3**
				4	**5**	
6						
7	**8**		**9**			
					10	
11						

🗝 가로 열쇠

1. 음식물이 소화가 되는 기관이에요.
4. 은하에서 항성 사이의 공간에 있는 물질이에요.
5. 식물을 땅에서 기르지 않고, 수조에 물을 채워 키우는 방법이에요.
6. 기후에는 ○○기후, 온대기후, 냉대기후, 열대기후 등이 있어요.
7. 몸이 뻣뻣하게 굳는 현상이에요. 마비와 비슷해요.
8. 난류나 한류같이 바다 표층이 일정한 방향으로 계속 움직이는 해류예요.
9. 어린 새가 깃털이 자라서 둥지를 떠날 때 쓰는 말이에요.

🗝 세로 열쇠

1. 행성보다 작은 천체예요.
2. 멈추어 있는 물체는 멈추려 하고, 움직이는 물체는 계속 움직이려고 해요. 뉴턴의 제1법칙이에요.
3. 지구의 지각이 형성된 이후부터 인류 역사가 시작되기 전까지의 시대를 말해요.
5. 단층 단면이 수직으로 어긋나 있어요.
6. ○○○○ 식물은 한살이 과정이 1년 이내에 이루어져요.

1			2			3
			4			
	5				6	
7						
8					9	

15

🗝 가로 열쇠

2. 지구의 표면이 크고 작은 여러 개의 판으로 구성되어 있다는 이론이에요.
3. 세포를 둘러싸고 있는 막이에요.
5. 딱정벌레나 무당벌레에 기생하는 파리예요.
7. 생식을 목적으로 하는 생물의 기관으로 꽃이나 정소, 난소 등을 말해요.
9. 대기의 가장 아랫부분으로 지표면과 성층권 사이에 있어요.
10. 화학 작용을 통해 용액의 성질을 알려 주는 약품이지요.
11. 균사가 덩어리 모양으로 자란 것이에요. 버섯은 식물이 아니고 ○○○랍니다.

🗝 세로 열쇠

1. 하나의 세포로 이루어진 생물이에요.
2. 척추동물의 심장에 있는 ○○이 혈액의 역류를 막아 주어요.
4. 전기와 열이 잘 통하는 물질이에요. 원소 기호는 'Cu'예요.
5. 자동차는 대표적인 내연○○이지요.
6. 뱀, 악어, 도마뱀 그리고 사라진 공룡도 이 동물군이에요.
8. 지구 온난화를 막기 위해 온실가스를 규제하는 국제협약이에요. '기후 변화에 의한 기본 협약'.
9. 포유류에 기생하는 세균으로 특히 대장에 많이 살아요.

《조선왕조실록》에 UFO에 관한 기록이?

　조선은 기록의 나라라고 할 정도로 많은 기록 유산을 남겼어요. 그중에서도 가장 자랑할 만한 것은 왕의 일거수일투족까지 기록한 《조선왕조실록》이죠. 그런데 이 실록에 우리를 깜짝 놀라게 할 만한 사건이 실려 있어요.

　《광해군일기》에는 1609년 음력 8월 25일 '어떤 물체가 하늘에 홀연히 나타났다(忽有物在天)'고 기록되어 있어요. 오전 9시에서 오후 3시 사이에 목격한 보고를 기록한 것이죠.

　이를 살펴보면 강원도 간성·원주·강릉에서는 사시(9시~11시)에 햇무리 같은 형체가 움직이다가 멈추었다고 하고, 붉은색 형체가 남쪽에서 북쪽으로 갔다고 하며, 붉은색 호리병 같은 것이 하늘에서 곤두박질했는데 흰 기운을 남기고 사라졌다고 해요. 춘천에서는 오시(11시~13시)에 큰 동이 같은 것이 빛을 내며 동남쪽에서 북쪽으로 갔고 양양에서는 미시(13시~15시)에 김문위의 집 위로 세숫대야처럼 생긴 빛나는 물체가 갑자기 나타나 한참 동안 공중에 떠 있다가 사라졌다고 해요. 또한 목격된 곳에서는 이 물체가 사라질 때 천둥소리 같은 북소리를 냈다고 하고요.

　이를 미루어 생각해 보면 여러 가지 가능성을 생각할 수 있어요. 우선, 유성이 아닐까 의심해 볼 수 있죠. 하지만 조선시대 사람들은 이미 유성에 대해 알고 있었기 때문에 이와

혼동하지는 않았을 거예요. 또 오전 10시와 오후 2시 사이에 목격했다고 하는데 4시간 동안 지나가는 유성은 없거든요.

다른 가능성으로는 혜성을 생각해 볼 수 있는데 전 세계적으로 유사한 기록이 등장하지 않는 것으로 보아 이것도 아니에요. 현대의 천문학자들은 러시아 첼랴빈스크 운석우 사건과 비교하면서 폭발형 유성일 것이라고 입을 모았어요.

하지만 《광해군일기》에 나타난 이 물체의 궤적은 천문학자들이 말하는 단일 궤적으로 설명할 수 없으며, 아무리 폭발형 유성이라도 4시간에 걸쳐 목격되지는 않거든요. 또 《광해군일기》에 묘사된 정도의 물체라면 첼랴빈스크 운석우처럼 지상에 흔적을 남겼어야 하지요. 이러한 여러 의문점과 가능성을 염두에 둔다면 UFO의 가능성을 생각할 수 있어요. 특히 김문위의 집 위에 떠 있다가 갑자기 사라졌다는 기록은 폭발형 유성이 아니라는 확실한 증거가 아닐까요?

16

 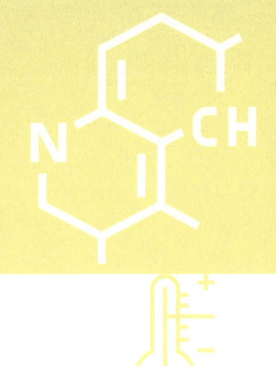

🗝 가로 열쇠

1. 거울 면에 반사되어 나가는 빛이에요.
4. 태양계의 9번째 행성이었으나 2006년에 왜소 행성으로 분류되었어요.
6. 물의 증감으로 시간을 헤아리는 시계예요.
7. 3대 영양소는 ○○○, 탄수화물, 지방이지요.
11. 전기로 바닥을 따뜻하게 하는 난방기구예요.
12. 조선 세종 시대에 만들어진 해시계예요.

🗝 세로 열쇠

1. 어떤 물체의 비치어 보이는 상태가 흐릿할 때 이렇게 말해요. 투명, ○○○, 불투명.
2. 공기 중의 습도를 측정할 수 있는 기기예요.
3. 한 가지로만 이루어진 물질이에요. 물질은 ○○○과 혼합물로 나누어요.
5. 별들이 무리지어 있는 것을 말해요.
8. 전류로 필라멘트를 가열해 빛을 내는 전구예요.
9. 소화효소를 소화관으로 내보내고, 인슐린과 글루카곤을 혈류로 분비시키는 몸속 장기예요.
10. 지각 변동이 일어난 진원 바로 위의 지표면상 지점을 이르는 말이에요.

17

🗝 가로 열쇠

1 우리가 생활하면서 배출한 탄소량을 기록한 것이에요.
3 태양계의 두 번째 행성으로 샛별 혹은 비너스라고 불러요.
4 액체의 끈적이는 정도를 말해요.
6 독일의 지질학자 베게너는 현재 6개의 대륙이 하나였다며 ○○○라고 불렀어요.
8 염화수소의 수용액으로 매우 강한 산이에요.
11 잎이 넓은 나무들을 이렇게 불러요.
12 물에 녹아 있는 산소의 양이에요.

🗝 세로 열쇠

1 외부의 힘으로 변형된 물체가 원래대로 돌아가려는 성질을 이렇게 말해요.
2 물체가 연소하기 시작하는 온도예요.
3 실험을 목적으로 여러 금속을 납작한 판으로 만든 거예요.
5 H_2O_2로 표기하는 화합물로 소독약으로 사용해요.
7 단백질을 구성하는 기본 단위예요.
9 한 번 공기를 들이마셨다가 내뱉는 양이에요.
10 운동의 제3법칙은 ○○과 반작용의 법칙이지요.

18

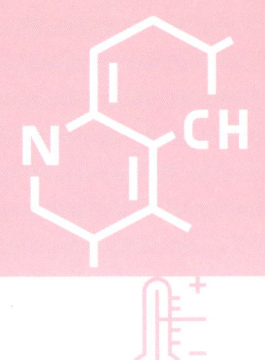

🗝 가로 열쇠

1 몸을 보호하기 위해 우주에서 입는 옷이에요.
3 반달 모양이 왼쪽이 둥글면 하현달, 오른쪽이 둥글면 ○○○이에요.
4 오줌을 모으고 내보내는 곳이에요.
6 온도에 따라 전기가 잘 통하기도 하고 안 통하기도 하는 물질로 전자제품에 많이 써요.
8 식물을 기르기 위해 온도와 습도를 조절할 수 있도록 만든 집이에요.
9 태양계의 첫 번째 행성이에요.
10 조암광물 중 하나로 겉보기색은 흑색, 갈흑색, 녹흑색 등이고, 조흔색은 흰색이에요.
12 기준이 되는 점으로 삼각점, 수준점, 다각점, 중력점, 자기점 등을 포함해요.

🗝 세로 열쇠

1 심장의 오른쪽에는 ○○○과 우심실이 있어요.
2 빛으로 열이 전달되는 것이에요.
3 마시는 물이 다니는 길. 반대말은 하수도예요.
5 식물이 빛을 이용해 이산화탄소와 물로 필요한 영양분을 만드는 과정이에요.
6 주변의 빛을 반사해 밝게 빛나는 성운을 말해요.
7 몸에 열이 나면 이것으로 온도를 재요.
9 물을 끓이면 ○○○가 되어요.
10 태양 표면에서 주변보다 온도가 낮아 어둡게 보이는 부분이에요.
11 잘게 부서진 암석과 광물. 해변이 많아요.

1		2		3		
4	5		6		7	
					8	
9						
		10		11		
12						

49

가로 열쇠

1. 고약한 냄새가 나는 기체로 화학식은 NH_3예요.
3. 어떤 용액의 용질 농도가 포화 농도보다 낮은 상태를 이르는 말이에요.
5. 아메리카와 유럽·아프리카 사이에 있는 바다 이름이에요.
7. 불에 타지 않는 소재예요.
9. 모든 분자 활동이 멈추는 온도로 0K로 표기하고 -273.15℃예요.
11. 전하의 흐름을 말해요.
12. 모래가 깔린 강바닥에서 모래를 빨아들였다가 아가미로 내뱉으며 먹이활동을 해서 이름이 붙여진 물고기예요.

세로 열쇠

1. 암술머리를 받치는 기관으로 암술머리와 씨방 사이에 있어요.
2. 폐에서 산소와 이산화탄소 교환이 이루어지는 곳이에요.
4. 화산폭발로 분출된 미세한 물질이에요.
6. 양전하를 띤 이온. 반대말은 음이온이에요.
8. 연료와 산소의 화학반응을 통해 전기를 생산하는 친환경 에너지예요.
9. 거미, 가재, 새우 등이 이 동물군이에요.
10. 바퀴에 줄을 매달아 큰 힘을 내게 만든 장치예요. 거중기도 이것을 이용한 거예요.

1				2	
			3		4
5		6			
			7	8	
9		10			
				11	
	12				

🗝 가로 열쇠

1 씨앗을 이렇게도 불러요.
2 모든 이끼식물은 ○○○○이에요.
5 기후 변화로 발생하는 생태계의 변화를 말해요.
7 물질의 화학 반응을 통해 새로운 물질을 만들어 내는 것이에요. ○○반응.
8 고정된 축의 주위를 일정한 주기로 진동하는 추예요.
9 조선 시대 정약용이 화성을 건설할 때 사용한 도구로 무거운 것을 쉽게 들어올릴 수 있어요.
11 용수철의 탄성을 이용해 무게를 재는 저울이에요.

🗝 세로 열쇠

1 영국의 찰스 다윈이 진화에 관해 쓴 책이에요.
3 태양의 인력에 이끌려 이루어진 천체를 말해요.
4 물이 증발해 수증기가 되고, 수증기는 응결해 구름이 되었다가 비나 눈으로 내려 순환해요.
6 생태계는 ○○○와 소비자로 나눌 수 있죠.
8 단위시간 내에 반복되는 주파수를 이렇게 말해요.
9 유리판에 은이나 알루미늄을 입혀 물체의 형상이 비치도록 한 것이에요.
10 물질은 고체, 액체, ○○로 이루어졌어요.

1			**2**	**3**		**4**	
5		**6**					
					7		
	8						
				9		**10**	
11							

53

영원히 이어지는 뫼비우스의 띠

"영우야, 저기 방앗간 보이지? 예전에는 사람들이 명절에 떡을 하려고 줄을 길게 섰단다."

"그래요? 엄마, 저 분쇄기에 감긴 벨트가 꼬인 것 같은데요?"

"아, 저거? 주인 아저씨의 센스가 아주 돋보이네."

"네? 왜요."

"저렇게 벨트를 한 번 꼬면 앞면과 뒷면을 모두 사용해서 오래 쓸 수가 있어. 저것이 바로 뫼비우스의 띠야."

"뫼비우스의 띠요?"

"응. 독일의 수학자 뫼비우스가 발견해서 그의 이름을 붙인 거야."

"놀라워요. 자세히 얘기해 주세요."

"그래, 잘 들어봐. 어느 날 뫼비우스가 여행을 갔는데, 숙소에 파리가 너무나 많은 거야. 몇 마리를 잡았지만 계속해서 윙윙대며 날아다니자 꾀를 냈지. 길다란 종이 양면에 달콤한 향이 나는 끈끈이를 바르고 한쪽 끝을 꼬아 붙였어. 그러자 달콤한 향기에 이끌린 파리들이 하나둘씩 날아와 붙어 죽었어. 뫼비우스는 그 모습을 흐뭇하게 보며 편안히 잠자리

에 들었지. 이튿날 뫼비우스는 자신이 만든 띠의 면이 하나인 것을 알게 되었어. 그냥 무심히 한 번 꼬아서 붙였을 뿐인데 대단한 발견을 한 거야. 면이 하나로 된 2차원 도형, 정말 신기하지 않니?"

"그렇네요. 한쪽 면을 따라가면 끝나는 게 아니라 계속 이어지니까요."

"그래서 똑같은 상황이 계속 반복될 때 사람들은 뫼비우스 띠 같다고 말해. 뫼비우스의 띠는 실생활에도 많이 이용되고 있어. 영우, 너 롤러코스터 타는 거 좋아하지?"

"싫어하는 애들도 있나요."

"롤러코스터는 엄청난 속도로 달리면서 위로 갔다가 아래로 가고, 왼쪽으로 갔다가 오른쪽으로 가고, 그러다가 원위치로 돌아오지. 바로 뫼비우스 띠의 원리를 이용한 거야."

"와, 뫼비우스 할아버지 대단하네요. 아, 놀이동산 가고 싶다."

"요 녀석!"

21

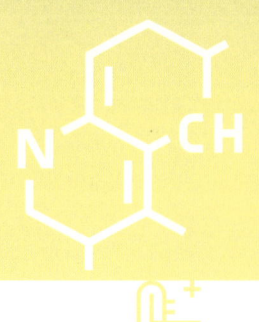

🗝 가로 열쇠

1. 일반 상대성 이론과 특수 상대성 이론을 발표한 과학자예요.
4. 인류가 발명한 최고의 발명품 중 하나. 동그란 모양으로, 굴릴 수 있어요.
6. 북태평양 서남부에서 발생한 태풍은 ○○○○를 기준으로 남쪽에서는 무역풍이, 북쪽에서는 편서풍이 불기 때문에 동쪽으로 휘어져요.
7. 원자가 전자를 잃거나 얻어서 전하를 띠게 된 입자예요.
10. 불을 끌 때 사용하죠.
11. 코 안에 있는 이것을 통해 냄새를 맡게 돼요.

🗝 세로 열쇠

1. 가장 원시적인 단세포동물이에요.
2. 인간이 과학 연구, 기상 관측, 전파 중계 등을 위해 지구나 행성의 궤도에 쏘아올린 비행체예요.
3. 물체에 힘이 가해졌을 때 가속도의 크기는 힘의 크기에 비례하고, 질량에 반비례하며, 가속도의 방향은 힘의 방향과 일치한다는 뉴턴의 제2법칙이에요.
5. 방사성 원소 폴로늄과 라듐을 발견해 노벨 물리학상을 받은 부부예요.
8. 사계절이 있고, 기후가 온화해 사람이 살기에 적합한 기후예요.
9. ○○○은 상처가 생겼을 때 피를 멎게 해요.

1					2		3
4		5			6		
		7		8			
9							
10							
			11				

22

🗝 가로 열쇠

1. 화석 에너지를 대체할 수 있는 태양열 에너지, 지열 에너지, 풍력 에너지 등을 말해요.
4. 장 안에 생긴 가스가 배출되는 거예요. 냄새가 고약해요.
5. 소화가 마지막으로 이루어지는 창자예요. 위장, 소장, ○○.
7. 달이 태양을 가려서 일부나 전부가 보이지 않는 것이에요.
8. 강과 바다가 만나는 곳에 강물이 운반한 흙이 쌓인 삼각형 모양의 평야예요.
9. 뢴트겐이 발견한 것으로 물질을 통과하는 성질을 이용해 내부를 관찰할 수 있어요.
11. 유성이 다 타지 않고 지구에 떨어진 것이에요.
12. 물을 전기○○하면 수소와 산소를 얻을 수 있어요.

🗝 세로 열쇠

1. 6500만 년 전부터 현재까지를 일컬어요. 고생대, 중생대, ○○○.
2. 술의 주성분이고 소독제로도 쓰여요..
3. 3대 영양소는 단백질, 탄수화물, ○○이에요.
6. 살모넬라균에 오염된 음식이나 물을 통해 감염되며, 발열과 복통을 일으켜요.
7. 지구의 자전으로 하늘의 별들이 회전하는 것처럼 보이는 겉보기 운동이에요.
10. 두 점을 잇는 최단거리 선을 말해요.

			2		3	
1						
					4	
5	6					
					7	
			8			
9		10			11	
	12					

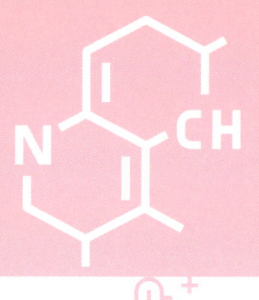

🗝 가로 열쇠

1. 뇌와 척수로 구성된 ○○○○○는 감각을 수용하며 운동, 생체 기능을 조절해요.
4. 물질이 산소와 결합해 빛과 열을 내는 것이에요.
5. 화산 활동, 지진 등이 발생하는 이유는 ○○○○ 때문이에요.
7. 지진이 발생했을 때 가장 먼저 방출되는 지진파예요.
8. 생물은 크게 동물계와 ○○○로 나누어요.
9. 태양광에서 가시광선보다 파장이 짧은 빛으로 피부와 눈을 상하게 해요.

🗝 세로 열쇠

1. 중수를 사용하는 원자로에서 이용하며, 이중수소라고도 해요.
2. 물체의 기울어진 각도를 말해요.
3. 물체의 위치가 시간에 따라 변하는 것이에요.
4. 근대 이전에 비금속을 금이나 은으로 바꾸려 했던 화학기술이에요.
5. 지진이 발생하면서 지구 내부와 표면으로 전달되는 탄성파를 말해요.
6. 체온이 변하는 동물로 어류, 양서류, 파충류, 무척추동물 등이 여기에 속해요.
7. 표피에 있는 샘으로 포유류에는 땀샘, 큰땀샘, 피지선 등이 있어요.
8. 신맛이 나는 액체로 된 조미료예요.

24

🗝 가로 열쇠

1. 시베리아, 캄차카 반도, 쿠릴 열도, 홋카이도, 사할린으로 둘러싸인 바다예요.
3. 비, 이슬, 우박, 진눈깨비, 서리 등이 내리는 것을 말해요.
4. 뼈와 뼈가 서로 맞닿는 부분이에요.
6. 전하 주변으로 전기력이 작용하는 공간이에요.
7. 대기에 작용하는 중력에 의해 생긴 압력으로 1기압=760mmHg예요.
8. 식물의 잎맥은 모양에 따라 ○○○과 나란히맥으로 구분해요.
10. 전기가 통하지 않는 물질이에요.
12. 실내에서도 잘 자라는 잎이 예쁜 식물이에요.

🗝 세로 열쇠

1. 오줌은 집합관→콩팥 깔때기→○○○→방광→요도를 통해 배출돼요.
2. 짧은 시간에 많은 비가 내리는 것이에요.
3. 대부분이 자웅동체인 말미잘, 해파리 같은 생물을 말해요.
5. 열역학적으로 최저 온도를 말하며 -273.15℃예요.
6. 전기장 안에서 전하가 갖는 전위의 차이랍니다.
9. 보리의 낟알이에요.
11. 광합성으로 얻은 양분이 이동하는 통로예요.

	1						2
						3	
4	5			6			
	7						
					8		9
10			11				
			12				

25

🗝️ 가로 열쇠

1. 원유를 시추하면 이 가스가 함께 분출돼요.
4. 태풍이 주는 피해는 태풍 중심의 오른쪽이 더 커요. 이 부분을 ○○○○이라고 해요.
6. 곤충의 애벌레는 번데기가 되면서 자신을 보호하기 위해 ○○를 만들어요.
7. 석염이나 돌소금이라고도 해요.
9. 달리는 자동차는 도로 옆 건물들과 ○○○○을 하지요.
12. 다항식을 전개할 때 각 항의 계수를 정리하는 거예요.

🗝️ 세로 열쇠

1. 모든 천체가 지구를 중심으로 돈다는 주장이에요.
2. 전기제품에 전류를 차단하거나 공급하는 장치예요.
3. 한쪽으로 긴 원이에요.
5. 심성암은 ○○○, 섬록암, 화강암 등으로 구분해요.
6. 양떼처럼 하늘에 퍼져 있는 중층구름의 한 종류예요.
8. 빨간색 리트머스 종이를 청색으로 변하게 해요.
9. 방정식이나 다항식에서 미지수나 변수를 포함하지 않은 항이에요.
10. 수학에서 차수와 문자가 같은 항이에요.
11. 동물의 몸 뒤쪽에 붙어 있어요. '○○가 길면 밟혀요.'

과학 속 흥미롭고 놀라운 이야기

식물에도 뇌가 있다

"식물에는 아주 작은 뇌가 있다. 그 작은 뇌가 씨앗을 퍼뜨릴지 결정한다."

우아, 대체 이게 무슨 말일까요?

이 말을 한 사람은 영국의 식물생물학자 조지 바셀이에요. 식물이 느낄 수 있고, 들을 수 있으며, 볼 수 있다는 주장은 오래전부터 있었어요. 2007년 〈생태학 저널〉에는 주변에 위험이 닥치면 식물들은 서로 신호를 주고받는다는 주장이 실렸어요.

믿을 수 없다고요?

식물이 주변에서 나는 소리의 진동을 감지하거나 다른 식물과 경쟁하며 성장한다는 사실은 바셀의 주장을 뒷받침해 주지요. 1983년 노벨 생리의학상을 받은 바버라 머클린턱도 '생각하는 식물 세포들'이라는 말로 식물의 지능을 이야기한 바 있어요.

그렇다면 식물에도 동물의 뇌와 같은 것이 있다는 말일까요?

조지 바셀은 동료 학자들과 여러 해 동안 연구한 결과를 발표하며 궁금증을 풀어 줬어요.

"식물의 뇌는 씨앗의 배아 끝에 있는 세포들입니다. 비록 동물의 뇌처럼 회백질로 구성된 것은 아니지만 정보를 처리할 수 있는 능력이 있습니다. 이 세포들은 두 가지 호르몬을

내보내는데, 이것이 씨앗의 활동을 통제합니다. 즉, 두 가지 호르몬 중 어떤 것을 분출하느냐에 따라 씨앗 퍼뜨리기가 결정되는 것입니다. 식물 스스로 판단을 내리는 것이지요."

하지만 많은 과학자는 식물의 뇌라는 주장에 대해 그 체계가 동물의 것과는 매우 다르기 때문에 여러 반론을 제기하며 인정하지 않고 있어요. 어떤 과학자들은 아예 비교 자체를 거부했어요. 그럴 때마다 조지 바셀은 생물의 역사를 들려 주었어요.

"생각해 보세요. 16억 년 전 지구에 살았던 동물들은 단세포 생물이었습니다. 동물의 것과 구조와 형태가 다르다는 이유로 새로운 연구를 받아들이지 않는다면 생물학의 발전은 기대할 수 없을 것입니다."

  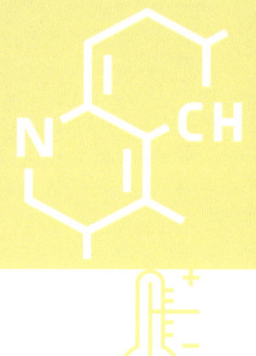

🗝 가로 열쇠

1. 하나의 핵과 세포가 길게 늘어나 둘로 나눠지는 분열 방식이에요.
4. 강수량이 증발량보다 적은 건조한 지역의 기후예요. 사막기후와 스텝기후로 나누어요.
5. 화석 연료를 연소시켜 열에너지를 운동 에너지로 바꾸어 전기 에너지를 얻는 것이에요.
6. 코페르니쿠스가 주장한 이론으로 태양을 중심으로 지구가 돈다는 내용이에요.
8. 생태계에는 생산자와 ○○○가 있어요.
11. 이곳을 통해 혈액과 조직 사이에 산소·영양분과 노폐물 교환이 이루어져요.

🗝 세로 열쇠

1. 대기 중에 너무 많으면 지구의 복사 에너지를 차단해 온실효과를 일으켜요. 화학식은 CO_2예요.
2. 플랑크톤이 많아져 바닷물이 빨갛게 보이는 현상이에요.
3. 같은 기후로 지역을 구분한 것이에요.
4. 전해질에 수분이 거의 없는 전지예요. 반대말은 습전지예요.
7. 동물체를 구성하는 기본 단위예요.
9. 인체의 기능과 성장에 필수적인 유기 물질이지만 몸 안에서 만들어지지 않아요.
10. 골반과 다리가 만나는 부분으로 엉덩이관절이에요.

1				**2**		**3**
			4			
5						
			6	**7**		
8	**9**					**10**
			11			

27

🗝 가로 열쇠

1 막대 양쪽에 달린 접시에 물건을 올려 무게를 재는 저울이에요.
4 망원경이나 현미경에서 물체 쪽에 가까운 렌즈를 말해요.
6 지구는 이 축을 중심으로 자전을 해요.
8 장파, 중파, 중단파, 단파, 초단파, 극초단파 등으로 나누어요. 전자파.
9 예전에 한센병을 이렇게 불렀어요.
10 더하기, 빼기, 곱하기, 나누기 등 어려운 계산을 쉽게 해 줘요.
12 특정 성분만 통과하는 막이에요.
13 두 종의 개체군이 서로 도움을 주고받으며 함께 사는 것이에요.

🗝 세로 열쇠

1 원자핵은 중성자와 ○○○로 구성돼요.
2 조류나 곤충이 소리를 낼 때 사용하는 기관이에요.
3 타원 은하와 나선 은하의 중간형 은하로 렌즈 모양이에요.
5 진동에 의해 물이 파동을 일으키며 퍼져 나가는 것이에요.
7 전염되는 질병이에요.
8 전류의 크기를 측정하는 계기예요.
9 자석의 성질을 이용해 동서남북의 위치를 찾는 기구예요.
11 식물은 잎에 난 ○○으로 숨쉬기와 증산 작용을 해요.

  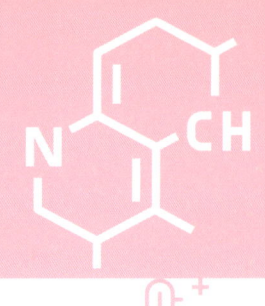

🗝 가로 열쇠

1 강이나 호수, 바다 등에 오염 물질이 들어와서 질소와 인과 같은 영양염류가 많아진 것을 의미해요.
3 지구는 지각, 맨틀, 외핵, ○○으로 이루어져 있어요.
4 환경에 잘 적응하는 개체가 선택되어 번식하고 진화한다는 다윈의 이론이에요.
6 ○○의 종류에는 화성암, 퇴적암, 변성암 등이 있어요.
7 칼 폰 린네는 생물의 분류를 체계화해 강, 목, 속, 종, 변종 등의 ○○을 새로 도입했어요.
8 지구의 가장 바깥층이에요.
11 바이킹을 타면 뇌 속에서 ○○○이 분비되어 공포와 쾌감을 동시에 느끼게 돼요.
13 하천의 침식작용으로 생긴 토사는 ○○○○을 통해 하류에 퇴적되지요.

🗝 세로 열쇠

2 자력을 영구히 보유한 자석이에요.
3 건물이 지진을 버틸 수 있도록 설계한 것이에요.
5 계곡 입구에 퇴적물이 쌓여 만들어진 부채 모양의 지형을 말해요.
6 검은 방울처럼 생긴 어두운 성운이에요.
9 각의 크기예요.
10 턱과 이빨로 음식물을 씹는 과정을 말해요.
12 주기적인 파동에서 같은 모양으로 반복되는 최소 길이예요.

1	2			3	
	4		5		
6				7	
		8	9		
		10		11	12
13					

🗝 가로 열쇠

1 침 속에는 이것이 있어서 음식물 속의 녹말을 엿당으로 분해해요.

4 맛을 느끼는 감각이에요.

6 혼합물에 있는 물질 중에서 녹지 않은 물질을 걸러내는 종이예요.

8 지질시대에 살았던 생물의 흔적이 퇴적암에 남은 거예요.

9 지구상의 광물 중 장석 다음으로 많아요. 크리스탈은 이것의 결정이지요.

11 원주율이라고 해요. 3.14159265…

13 해변 가까이 물 속에 잠겨 잘 보이지 않는 바위나 산호초를 말해요.

14 연소 결과 가연 물질이 남지 않은 상태예요.

🗝 세로 열쇠

1 물고기는 이곳으로 숨을 쉬어요.

2 등속직선운동에서 ○○○○ =속력×걸린 시간이에요.

3 생물의 한생애를 일컬어요.

5 칼슘 성분이 많고, 변성암과 화성암에 광범위하게 나타나는 조암광물이에요.

7 석회동굴 천장에 고드름처럼 매달려 있어요.

8 심성암 중 하나로 마그마가 지하 깊은 곳에서 서서히 굳어진 암석이에요.

10 탄수화물, 단백질, 지방을 3대 ○○○라고 해요.

12 수축의 반대말이에요.

1				2			3
4		5		6		7	
8						9	10
			11	12			
13				14			

🔑 가로 열쇠

1. 화석 연료를 대체할 가능성이 가장 높은 미래 에너지로 물을 전기분해해서 얻어요.
5. 제약회사가 새롭게 만들어낸 약이에요.
6. DNA와 함께 유전 정보 전달에 관여하는 핵산으로 'RNA'로 표기해요.
8. 5월에 보랏빛 꽃을 피우는 덩굴식물로 쉼터에 그늘을 만들어 줘요.
10. 갓 태어난 어린 동물이에요.
12. 원자번호 19번, 원소 기호는 'K'예요. 포타슘이라고도 해요.
13. 물질을 이루는 가장 작은 물체를 말해요.

🔑 세로 열쇠

2. 상처에 이것을 바르면 거품이 생겨요.
3. 개과에 딸린 아시아 특산의 포유동물이에요. 야행성이고 잡식성이며 겨울잠을 자요.
4. 우산 모양으로 자라는 이끼예요.
5. 빨강, 파랑, 노랑 빛으로 교통 흐름을 원활하게 해 줘요.
7. 일정 온도에서 기체의 부피는 압력에 반비례한다는 것은 ○○의 법칙이에요.
9. 소금을 구성하는 원소로 원소 기호는 'Na'예요.
10. 큰느타리버섯인데 생긴 게 송이처럼 생겼어요.
11. 북한에서는 달걀을 이렇게 불러요.

1	2		3			
						4
5			6	7		
8	9				10	
			11			
12			13			

과학 속 흥미롭고 놀라운 이야기

강철보다 강한 거미줄

악당을 혼내 주고 사람들을 구하는 어메이징한 스파이더맨. 오늘은 브레이크가 고장난 기차를 멈추기 위해 손목에서 거미줄을 쏘아 양쪽 건물에 붙이고 온몸으로 막고 있네.

그런데 여기서 잠깐. 뭔가 좀 이상하지 않아? 거미의 생태를 알면 이 장면이 왠지 어색해. 왜냐고? 거미는 다리가 여덟 개 달린 절지동물이야. 조금 민망한 이야기지만 거미는 똥꼬 근처에 있는 방적돌기에서 거미줄을 뽑지. 어떤 만화책에서는 입에서 거미줄을 뽑는 모습을 그렸는데 절대 아니야. 그러니 상상해 봐. 제대로 된 스파이더맨이라면 거미의 생태를 닮아야 하니 거미처럼 똥꼬 근처에서 거미줄이 나오는 게 좋지 않을까. 흐흐 미안. 농담이야.

이제 진짜로 거미줄에 대해 알아볼까? 거미줄은 실크야. 실크는 단백질 섬유를 가리키는 말이어서 누에고치뿐 아니라 거미줄도 실크라고 할 수 있어. 거미는 거미줄로 자신을 보호하고 먹이를 잡을 수 있게 가로 줄과 세로 줄을 짜서 집을 지어. 거미집 알지? 그런데 가로 줄에만 점성이 있어서 가로 줄에 먹이나 침입자가 걸려. 왜 거미는 안 붙냐고? 그건 거미 다리에 난 털들이 붙는 면적을 줄여 주기 때문이야.

거미 새끼들 본 적 있니? 정말 귀염둥이야. 특히 어미 곁을 떠나는 모습은 너무 멋져. 얘

들은 때가 되면 높은 곳에 올라가 거미줄을 붙이고 온몸으로 바람을 맞으며 멀리 날아가. 마치 한 손으로 로프를 잡고 날아가며 총을 쏘는 주인공처럼 말이야. 꺄~아!

그리고 거미라고 다 거미집을 짓지는 않아. 거미줄로 먹이를 잡는 애들이 좀 더 진화한 녀석들이래. 음~ 또, 거미줄은 가늘지만 매우 튼튼하고 탄력성이 좋아. 같은 질량의 강철과 비교하면 탄력이 다섯 배 이상이래. 그래서 공학자들이 거미줄을 연구해서 총알도 뚫지 못하는 '아라미드'라는 신소재를 개발했어. 내가 말한 거 외에도 거미는 여러 가지 용도로 거미줄을 사용하는데 나중에 말해 줄게. 아후, 숨차. 안녕!

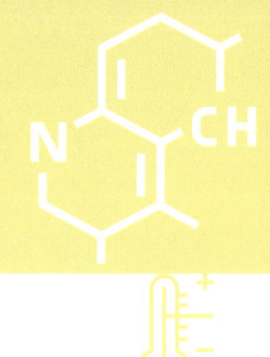

31

🗝 가로 열쇠

1. 잡초를 손쉽게 없앨 때 쓰는 약품이에요.
3. 음식물에 있는 영양소를 체내에 흡수하는 과정을 말해요.
4. 물이 원인이 되어 전염되는 질병을 '○○○ 전염병'이라고 해요.
5. 염분 함량이 낮은 물이에요.
7. 알에서 태어나는 것이에요.
9. 달 표면에 있는 운석 구덩이예요.
10. 물에 사는 아주 작은 갑각류로 수질검사에 이용해요.
11. 빛에 관련된 현상을 다루는 물리학의 한 분야예요.
12. 프리즘으로 빛을 분산시키면 ○○○○을 볼 수 있어요.

🗝 세로 열쇠

2. 낮에도 볼 수 있을 정도로 몇 주 동안 밝은 빛을 내다가 사라지는 별이에요.
3. 수산화나트륨은 ○○○을 전기분해하면 얻을 수 있어요.
4. 정자를 받아 수정된 난자를 이렇게 불러요.
5. 노란색 꽃을 피우는 다년생 풀로, 솜털이 달린 씨앗이 바람에 날려요.
6. 바퀴 달린 기계를 움직이는 장치예요. 흔히 자동차박람회를 '○○ 쇼'라고 하지요.
8. 생물을 연구하는 학문이에요.
9. 'Tl(탈륨)'은 영국의 화학자 ○○○가 발견한 금속원소예요.

	1	2			3	
4				5		
						6
7	8		9			
	10					
11			12			

32

🗝 가로 열쇠

1 음식물을 소화·흡수하는 곳으로 소장이라고도 해요.
5 '2'로 나누어 나머지가 '0'이 되는 자연수를 말해요.
6 물을 다시 사용할 수 있게 하는 시설이에요. 상수도, ○○○, 하수도.
7 주변보다 기압이 낮아요.
8 자석이나 전류가 흐르는 전선 주변에 생기는 힘이에요.
10 적도 부근에 나타나는 고온다습한 기단이에요.
12 화학 반응이 일어나는 동안 주변으로 열을 방출해요.

🗝 세로 열쇠

2 밤하늘에 보이는 수많은 별무리예요. 우리 은하.
3 자기장을 만들며, 철을 끌어당길 수 있어요. N극과 S극이 있어요.
4 변수 x, y 사이에서, x의 값이 변하는 데 따라 y의 값이 정해질 때, x에 대해 y를 이르는 말이에요. y=f(x)로 표시해요.
5 암컷과 수컷이 자손을 남기는 것이에요.
6 수소를 제외한 모든 원자핵 속에는 양성자와 ○○○가 있어요.
7 적도와 가까운 지역. ○○○, 중위도, 고위도.
9 액체가 기체로 변할 때 주위에서 흡수하는 열을 말해요.
10 생물체가 환경에 맞게 자신을 변화시키는 과정이에요.
11 하나로 이어져 있던 암석층이 강한 힘에 의해 끊어져 어긋난 형태를 말해요.

82

1	2		3			4
					5	
6						
				7		
8	9					
			10		11	
12						

83

  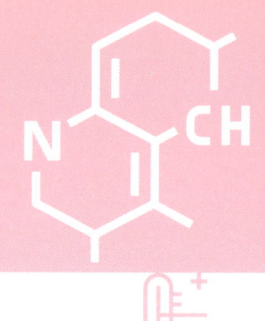

🗝 가로 열쇠

1 식물의 잎이 한 마디마다 마주보며 나는 것을 이렇게 말해요.

4 생물이 자라면서 갖게 되는 성질이에요. 반대말은 선천이에요.

6 두 물체가 맞닿을 때 운동 방향과 반대 방향으로 작용하는 운동이에요.

8 북쪽 밤하늘에는 일곱 개의 별들이 국자 모양을 하고 있어요.

10 목 아래쪽 기도 주변에 있는 기관으로 대사와 성장에 필요한 호르몬을 분비해요.

12 해수면이 가장 낮은 때예요. 만조의 반대말이에요.

🗝 세로 열쇠

1 땅속의 암석이 뜨거운 열을 받아 녹아 있는 상태를 말해요.

2 어떤 지역에 해마다 반복되는 기상 상태예요.

3 소행성과 행성의 중간 단계로 2006년 명왕성은 행성의 지위를 잃고 이것이 되었어요.

5 영국의 제너가 종두법을 발견한 덕분에 우리는 이 질병에 걸리지 않게 되었어요.

7 마찰에 의해 피부에 생기는 상처예요.

9 머리부터 늘어진 목의 색이 푸른색, 붉은색 등으로 변해 마치 얼굴이 일곱 개가 있는 것 같다고 이름이 붙여진 동물이에요.

10 절지동물들 중 게, 새우처럼 딱딱한 껍질을 가진 생물을 말해요.

11 덥고 메마른 곳에서 자라는 식물로 가시가 이파리예요.

12 중추신경에서 올라오는 정보를 대뇌로 전달하는 뇌의 한 부분이에요.

1			2			3	
			4	5			
6	7						
			8		9		
10		11					
				12			

  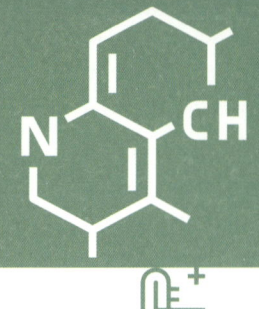

가로 열쇠

1 반사면이 오목한 거울이에요.
3 우리나라는 해가 진 서쪽 하늘에서 반짝이는 금성을 이렇게 불렀어요.
5 시력을 개선하기 위해 눈의 각막 모양을 변형시키는 수술이에요.
7 국화과에 속하는 한해살이 풀로 '창이자'라고도 해요.
9 서대아목의 납작한 생선으로 우리나라 서·남해안에 서식해요. 가자미와 비슷해요.
11 개구리가 사는 논이나 연못에 자라는 식물로 올챙이가 먹어요.
12 물고기 몸에 있으며 균형을 잡거나 이동할 때 사용해요.

세로 열쇠

1 태양풍에 날아온 플라스마가 지구 대기의 공기 분자와 부딪혀 아름답게 빛나는 현상이에요. 극지방에서만 볼 수 있어요.
2 독도와 함께 동해를 지키는 화산섬이에요. 오징어와 호박엿이 유명해요.
4 하늘에 떠 있는 별들을 몇 개씩 묶어 신화나 동물 이름을 붙여 놓은 거예요.
6 식물이 생활하는 지대예요.
8 전류를 흐르게 하면 빛이 나는 작은 전구. 실험이나 크리스마스 장식으로 쓰여요.
9 생물 개체나 개체군이 사는 곳을 말해요.
10 꽃가루를 만들고 저장하는 주머니 모양의 기관이에요.
11 페로몬이라는 화학 물질로 의사소통을 하며 집을 아주 잘 짓는 작은 곤충이에요. 부지런한 사람을 비유하기도 해요.

1			**2**		**3**	**4**
5	**6**		**7**	**8**		
9						**10**
			11			
12						

35

가로 열쇠

1 작은빨간집모기에 의해 감염되어 발생하는 유행성 뇌염이에요.
4 물체가 높은 곳에서 낮은 곳으로 떨어질 때 그 차이를 일컫는 말이에요.
5 물이 떨어지는 힘을 이용해 위치 에너지를 운동 에너지로 바꿔 전기를 생산하는 것이에요.
6 전기가 통하는 물질이에요.
7 어떤 물질이 산소와 결합하거나 수소를 잃는 화학 과정을 말해요.
9 전기 에너지가 있는 곳이에요.
10 DNA의 특정 부분에 위치하는 염기서열로, 개체의 특징을 나타나게 할 뿐만 아니라 복제를 통해 자손에서 유전되어요.
11 달이 지구의 그림자 속으로 들어가서 가려지는 현상이에요.

세로 열쇠

1 하루 중 최고 기온과 최저 기온의 차이를 말해요.
2 우리 몸의 호르몬 분비와 조절에 관여하는 기관으로 간뇌 바로 아래에 있어요.
3 태풍의 오른쪽은 바람이 강하고 비도 많이 내려 위험 반원이라 하며, 왼쪽은 상대적으로 약하므로 ○○ ○○이라고 해요.
4 사람이나 물건을 공중에서 땅으로 내릴 때 사용해요.
8 원소 기호를 이용해 물질의 구성을 표현한 것. 물의 ○○○은 H_2O예요.
9 못에 에나멜선을 감고 전류를 흘려 주면 ○○○ 유도가 되지요.
10 기체와 액체를 통틀어 ○○라고 해요.

	1		2			
						3
4			5			
		6				
7	8				9	
			10			
11						

맨해튼 프로젝트(Manhattan Project)

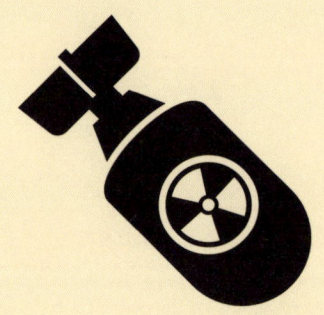

　제2차 세계대전은 인간에게 큰 경각심을 준 전쟁이었어요. 전쟁이 참혹해질수록 발전된 과학 기술은 더 많은 생명을 손쉽게 앗아갈 수 있는 신무기를 탄생시켰지요.

　여러분이 아는 것과 같이 제2차 세계대전은 나치 독일의 폴란드 침공으로 시작되었어요. 연합국의 일원이었던 미국은 나치 독일이 우라늄을 모으고 있다는 정보를 알아냈어요. 미국의 루스벨트 대통령은 나치 독일이 원자 폭탄 개발을 시작했다고 판단하고 대응책을 지시했지요. 이것이 바로 맨해튼 프로젝트예요.

　맨해튼 프로젝트는 1939년 8월 실라르드와 위그너가 "엄청난 파괴력이 있는 새로운 유형의 폭탄"을 언급한 문서를 루스벨트 대통령에게 전달하며 시작되었어요. 미국이 주도한 이 계획에는 아인슈타인, 오펜하이머, 페르미, 파인만 등 저명한 과학자들이 동원되었지요. 당시 과학자들은 핵분열을 조정하는 것은 이론상으로만 가능할 뿐 실제로는 불가능할 것이라고 생각했어요. 하지만 이들의 생각과는 달리 1945년 7월 16일 뉴멕시코에서 최초의 원자 폭탄을 성공적으로 터트리며 인류는 자멸할 무기를 갖게 되었어요.

　세계에서 가장 강력한 무기를 갖게 된 미국의 트루먼 대통령은 일본 히로시마에 원자 폭탄을 떨어뜨려 수십만 명의 목숨을 빼앗았어요. 이제까지 경험하지 못한 최악의 상황을

겪은 일본 군부와 일왕은 1945년 8월 15일 무조건 항복을 선언하며 제2차 세계대전은 끝나게 되었지요.

    과학 발전이 인류 문명에 명암을 안겨 준 사실은 역사를 통해 충분히 보고 배웠어요. 특히 전쟁은 과학을 발전시키기도 하지만 인류를 위험에 빠트리기도 해요. 이제 인류는 스스로를 멸망시킬 수 있는 강력한 무기를 가짐으로써 전쟁을 막는 아이러니를 겪고 있지요. 최근 러시아와 우크라이나 전쟁에서 다시 핵무기 사용이 언급되고 있어요. 하지만 인류는 잘못된 선택을 절대 반복하지는 않을 거라 믿어요.

  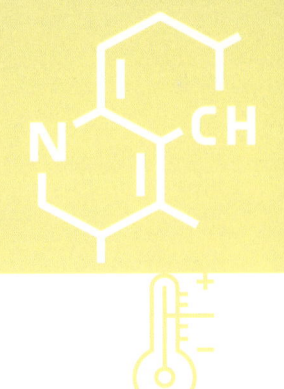

🗝 가로 열쇠

1. 전류·자기장·도선의 운동에 관해 왼손 법칙과 오른손 법칙을 설명한 사람이에요.
4. 디지털 정보량의 단위는 비트, 바이트, 킬로바이트, 메가바이트, 기가바이트, ○○바이트…
5. 빙하 표면의 균열로 생긴 커다란 틈이에요.
7. 열대 지방에 잠깐씩 내리는 소나기예요.
8. 곤충은 머리 끝에 달린 ○○○를 이용해서 주위를 살펴요.
12. 지구나 화성처럼 표면이 암석으로 이루어진 행성을 이렇게 불러요.
14. 3대 영양소는 ○○○○, 지방, 단백질이에요.

🗝 세로 열쇠

1. 석유가 원료이고 열이나 압력을 가하면 원하는 모양을 쉽게 얻을 수 있어서 일회용품에 많이 사용해요.
2. 털의 양이 많고, 촉감이 좋아 모피를 얻기 위해 사육하는 동물이에요.
3. 천연수지나 합성수지를 녹여 가구나 선박을 칠할 때 사용해요. 바니시라고도 해요.
6. 전파를 사용해 어떤 물체의 움직임이나 거리를 알아내는 기계예요.
9. 숲 속 습한 곳이나 바위에 붙어서 사는 선태식물을 ○○○○이라고 해요.
10. 화산이 분출할 때 나오는 뜨거운 액체를 말해요.
11. 탄소 물질을 태워서 만들며, 탈색, 탈취용으로 사용해요.
13. 바다로부터 분리된 호수를 일컫는데 강릉 경포호도 이것에 속해요.

37

🗝 가로 열쇠

1 세계 바다 면적의 반을 차지하고 아시아, 오스트레일리아, 아메리카에 둘러싸여 있어요.
5 산과 염기를 반응시키면 수소 이온과 ○○○ ○○이 반응해 산성과 염기성이 사라지는 중화 반응이 일어나요.
7 바람과 빛에 암석이나 토양이 깎이는 것이에요.
9 1과 자신만을 약수로 갖는 수를 소수라 하고, 소수가 아닌 자연수를 ○○○라고 하지요.
12 상이 비치는 면이 평평한 거울이에요.
14 식물의 일부를 떼어 다른 식물에 붙여 인공적으로 번식시키는 방법이에요.

🗝 세로 열쇠

1 태양에서 불어오는 바람. 높은 에너지 물질들이 전자와 양성자 형태로 방출돼요.
2 '0'보다 큰 수예요.
3 번데기가 날개 달린 성충이 되는 것을 말해요.
4 변온 동물은 스스로 ○○ 조절을 할 수 없지요.
6 공기 중의 수증기가 응결해 생긴 물방울을 말해요.
8 두 종류 이상의 원소들로 결합한 물질이에요.
10 윗접시저울은 ○○○○ 원리로 만든 저울입니다. 이 저울은 수평을 이루어야 해요.
11 물건의 무게를 잴 수 있어요.
13 거미는 자신을 보호하거나 먹이를 잡기 위해 ○○○을 지어요.

1		2		3		4
		5			6	
7	8					
	9		10		11	
			12		13	
14						

  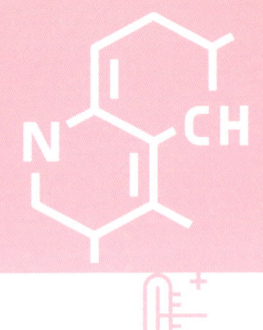

38

가로 열쇠

1. 구름에 인공적인 영향을 가해 비를 내리게 하는 것이에요.
4. 내연 기관은 ○○○ 안의 피스톤이 왕복운동을 하는 구조예요.
5. 동물이 산소를 흡수하고 이산화탄소를 방출하는 것을 담당하는 기관계예요.
7. 사진을 찍는 기계로 요즘은 휴대전화에도 들어 있어요.
11. 동물이 주변과 비슷한 색으로 자신의 몸을 숨겨요.
12. 여러 갈래로 뻗어나온 뿌리와 잎들을 분리하는 영양생식 방법이에요.

세로 열쇠

1. 혈당량을 조절하는 췌장 호르몬이에요.
2. 하천의 흐름이 바뀌면서 휘어진 부분이 떨어져 나가 만들어진 소뿔 모양의 호수를 말해요.
3. 대기 중의 습도를 재는 기계예요.
4. 이산화규소. 방습제로 '○○○ 겔'을 많이 사용해요.
6. 주위의 열을 빼앗는 화학 반응을 말해요.
8. 풀밭에서 사는 대표적인 곤충으로 '○○○도 한철'이라는 속담이 있어요.
9. 물체를 확대해 볼 수 있게 만든 볼록 렌즈예요.
10. 핵 속에서 관찰되는 유전 정보를 갖고 있는 물질로 인간은 23쌍이 있어요.

	1			**2**		**3**
4				**5**	**6**	
7	**8**			**9**		**10**
				11		
12						

🗝 가로 열쇠

1 색을 없애 주는 약품이에요.

4 우주를 구성하는 단위로 모양에 따라 타원 ○○, 나선 ○○, 불규칙 ○○ 등이 있어요.

6 밤송이에 ○○가 돋혀 있어요.

8 정신분석학자인 프로이트는 인간이 내면에 가지고 있는 성적 욕망을 이렇게 불렀어요.

9 운동선수들의 금지 약물 복용 여부를 검사하는 거예요.

11 손 끝을 예쁘게 물들여 주는 꽃이에요.

12 움직이는 물체의 속도를 잴 때 ○○○ 건을 사용해요.

🗝 세로 열쇠

1 법규나 일반 관례에 따라 한 지역이나 국가가 채택한 평균 태양시예요.

2 봄을 알리는 여름 철새로 흥부에게 복을 가져다 준 새지요.

3 1기압은 ○○ 기둥을 약 76cm 올리는 데 작용하는 힘이에요.

5 가정이나 공장의 오염된 물이 흘러가도록 만든 시설을 말해요.

6 시간에 따라 속도가 변하는 것이에요.

7 핵이 없는 아주 작은 단세포동물로 현미경으로만 볼 수 있어요. 세균이라고 해요.

8 어떤 물질의 산성과 알카리성을 판단할 때 ○○○○ 시험지를 사용해요.

10 나무나 가죽, 고무 등을 붙여 주는 접착제예요.

	1		2		3	
					4	5
6						
		7		8		
9						
						10
11				12		

🗝 가로 열쇠

1. 생명체를 이루는 물질이에요. 반대말은 무기물이에요.
3. 주파수가 약 2만 헤르츠 이상인 음파로 사람은 들을 수가 없어요.
4. ○○○과 구리가 반응하면 구리는 질산구리가 되고, ○○○은 은이 돼요.
5. 버섯이나 곰팡이를 이렇게 불러요.
7. 반달 모양이 왼쪽이 둥글면 ○○○, 오른쪽이 둥글면 상현달이에요.
9. 일정한 방향으로 바닷물이 흐르는 것이에요.
11. 단단한 껍데기에 숨어 있는 연체동물이에요. 바지락, 가리비, 홍합 등.
12. 바위나 돌이 햇빛, 공기, 물 등에 오랜 시간 노출되면서 점차 부서지는 것을 말해요.

🗝 세로 열쇠

1. 우리의 장 속에 살고 있는 좋은 세균이에요.
2. 물체를 이루는 재료예요.
3. 은하단과 은하군이 합쳐진 우주에서 가장 거대한 은하집단이에요.
6. 캥거루처럼 육아주머니가 있는 척추동물을 말해요.
8. 달빛이 만든 무지개예요.
9. 해수면과 지표면의 기온 차이로 발생하는 바람이지요.
10. 라마르크는 '자주 사용하는 기관은 발달하고 사용하지 않는 기관은 퇴화'한다며 ○○○설을 주장했어요.
11. 몸은 깃털로 덮여 있고, 앞다리는 날개로 변한 동물을 말해요.

101

진정한 강자의 의미

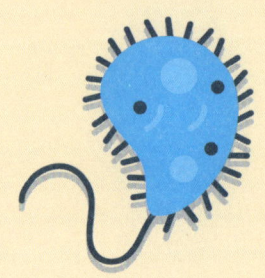

영국의 철학자 허버트 스펜서는 '환경에 적응하는 종(種)이 살아남고, 그렇지 못한 종은 사라진다'고 했어요. 이 말은 곧 '적자생존'으로 풀이되지요. 적자생존은 특정 개체의 생존 여부가 힘의 강약에 의해 결정되는 것이 아니라 주어진 환경에 가장 잘 적응한 종이 다음 세대로 이어진다는 의미예요.

하지만 요즈음 TV를 보면 적자생존을 '힘이 센 자의 뜻대로 해도 좋다'는 잘못된 논리로 해석하는 경우가 있어요. 생물학적으로 보면 강자는 특정 환경에 적응한 종이기 때문에 만약 환경이 변화하면 가장 취약한 종이 되고 말지요. 실제로 지구상에서 수많은 강자가 변화하는 환경에 적응하지 못하고 멸종했고, 수많은 약자는 환경 변화에 적응하며 진화했어요.

물론 생태계에는 '약육강식'의 관계가 성립하지만 생태계에 존재하는 개체들 간에는 엄연히 수명 차이가 있기 때문에 진화론적으로 살아남는다는 것은 큰 의미가 없죠. 또 생태계의 최종 단계에 있는 육식 동물도 수명이 다하면 박테리아에게 먹히고(분해되고), 박테리아는 다시 식물에게 먹혀(양분이 되어) 순환되기 때문에 진정한 강자가 과연 존재하는지 의문을 갖게 되지요.

가만히 귀를 기울이면 자연이 인간에게 전하는 소리가 들리는 것 같아요.

"적자생존과 약육강식의 원리는 개체의 생명 유지나 종의 번식에 한정해 나타나는 것이지, 강자가 약자를 함부로 짓밟아도 된다는 것은 아닙니다. 자연을 이루고 있는 모든 것은 강자가 아닌 변화하는 환경에 적응한 약자입니다."

41

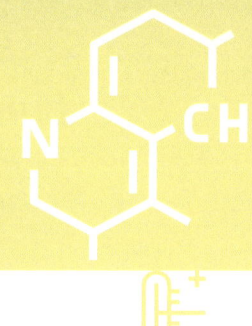

🗝 가로 열쇠

1 전열기는 전기 에너지를 ○○○○로 바꾸는 에너지 전환 장치예요.
3 지표면에 짠물이 괴어 있는 넓은 곳이에요.
4 위에서 항문까지의 소화 기관을 이렇게 불러요.
6 공기 안에 오염 물질이 포함되어 있는 것을 말해요.
9 가연성 물질이 연소될 때 발생하는 아주 작은 입자들이에요.
10 두 점 간의 최단 거리를 이루는 선을 말해요.
11 꿀벌통에는 일벌, ○○, 여왕벌이 살아요.
12 일정 기간 동안 내린 눈의 양이에요.
13 수소 다음으로 가벼운 기체고 원소 기호는 'He'예요.

🗝 세로 열쇠

1 온도에 따라 물체의 길이나 부피가 변하는 것을 말해요.
2 지진이 자주 발생하는 지역이에요.
3 생명 현상이나 생물 기능을 인위적으로 조작하는 기술에 관한 학문을 생명공학, 즉 '○○○ 테크놀로지'라고 해요.
5 환경에 잘 적응한 개체가 선택되어 진화한다는 다윈의 이론이에요.
7 다른 곤충의 몸속에서 기생하는 벌이에요.
8 나트륨과 염소의 화합물이에요. 화학식은 NaCl이에요.
11 수, 공간, 논리 등을 연구하는 학문이에요.

1			2		3	
4	5		6	7		8
	9					
10			11			
12					13	

42

🗝 가로 열쇠

1. 공기보다 가볍고 물에 녹기 쉬운 기체를 모으는 방법이에요.
4. 뼈와 뼈를 연결해 주는 결합조직이에요. 십자 ○○, 무릎 ○○.
5. 지표의 암석이 자연의 힘으로 깎이는 현상을 ○○ 작용이라고 해요.
6. 햇빛의 한자어예요. ○○○ 패널
8. 북위 30°와 남위 30° 부근에서 적도를 향해 서쪽으로 부는 바람이에요.
9. 물에 녹는 성질을 말해요.
10. 산비탈에 쌓인 눈이 무게를 이기지 못하고 한순간에 무너지는 거예요.
12. 씨방 속에 씨앗이 있는 식물이에요. 반대말은 겉씨식물이에요.

🗝 세로 열쇠

2. 미지수의 특정한 값에 따라 참이 되기도 하고 거짓이 되기도 하는 등식이에요.
3. 생물이 살아가는 데 영향을 주는 조건을 말해요.
4. 인도 아래에 있는 큰 바다 이름이에요.
5. 잎이 바늘처럼 길고 뾰족한 나무를 가리켜요.
6. 태풍 중심 부분의 바람이 없는 지역을 뜻해요.
7. 진공 상태에서 빛이 나아가는 속도예요.
8. 출아법, 분열법처럼 생식 세포가 결합하지 않고 번식하는 것이에요. 반대말은 유성생식이에요.
11. 태양계의 중심 항성이에요.

1		2		3		4	
5				6			7
		8					
9							
				10		11	
12							

107

43

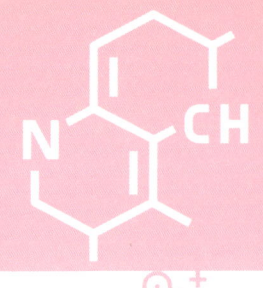

가로 열쇠

1. 혈액이 심장을 통해 온몸을 순환하는 것을 말해요.
5. 유리관에 수은과 아르곤을 넣고 안쪽 벽에 형광 물질을 바른 전등이에요.
6. 급격한 도시화로 도심의 기온이 주변보다 높아지는 현상이에요.
8. 늑대나 승냥이보다 조금 크고 성질이 포악한 야행성 동물이에요.
11. 원소 중에서 크기가 가장 작아요. 원소 기호는 'H'예요.
12. 전압을 변화시켜 주는 전기 기기로 변압기라고도 해요.
13. 꽃에는 꽃잎, 꽃받침, ○○, 수술 등이 있어요.
14. 불가사리, 성게처럼 몸에 가시가 돋친 껍데기를 가진 동물이에요.

세로 열쇠

2. 기체가 액체로 바뀔 때 방출되는 열에너지예요.
3. ○○동물은 지렁이처럼 몸이 고리 모양의 환절로 이루어진 무척추동물이에요.
4. 등이 굽어 있어서 이름이 붙여졌어요. 귀뚜라미와 비슷해요.
7. 식물 세포벽의 주성분으로 셀룰로오스라고도 해요.
9. 해수면이 상승하거나 육지가 바다에 가라앉아 생긴 해안이에요. 우리나라 서해안도 ○○○식 해안이지요.
10. 자연 물질이 변형되어 원래로 돌아갈 수 없는 현상이에요. '무질서도'라고도 해요.
11. 질병을 치료하기 위해 주로 외과에서 마취 후 진행하는 것이에요.
13. 암술만 있고, 수술이 없는 꽃이에요.

	1	2		3		4	
				5			
		6	7			8	9
					10		
		11			12		
13							
				14			

🗝️ 가로 열쇠

2. 괴물 고래에게 재물로 바쳐진 에티오피아 공주의 이름을 딴 가을철 별자리예요.
4. 공기 중의 물방울이 태양광에 반사·굴절되어 나타나는 현상이에요. 일곱 색깔 ○○○.
6. 한랭 건조한 ○○○○ 기단의 영향으로 우리나라 겨울철에는 한파와 심한 사온이 나타나요.
7. 태양처럼 스스로 빛을 내는 천체예요.
8. 석회암 지대에는 빗물이나 지하수에 의해 용식된 ○○ 동굴이 있어요.
10. 한쪽이 이득을 보면 다른 쪽은 손실이 발생해, 둘을 합치면 0이 되는 것이에요.
12. 영국 ○○○○ 천문대의 자오선이 경도의 기준이지요.

🗝️ 세로 열쇠

1. 키가 크고 줄기가 굵은 식물이에요. 침엽수, 활엽수, 유실수 등이 있어요.
2. 공기 중의 수증기가 응결해 작은 물방울 상태로 떠 있는 것이에요.
3. 순수한 탄소 덩어리로 금강석이라고도 해요. 반지 등 장신구로도 만들어요.
5. 기름에 잘 녹는 성질이에요. 반대말은 수용성이에요.
6. 금의 순도를 알기 위해 사용하는 광석이에요.
7. 건강에 해를 끼치는 세균을 없애 주는 약품이에요.
9. 깔때기 모양으로 강하게 돌아가며 부는 바람을 말해요.
11. 가스를 강하게 발생시켜 그 반동으로 날아가는 비행체예요. 우주 개발에 사용해요.

1		2				3
4	5					
			6			
7						
			8	9		
10	11					
			12			

111

🗝 가로 열쇠

2 동물은 척추동물과 ○○○동물로 나눌 수 있어요.
4 물질을 구성하는 기본 입자예요.
6 하나의 물질이 두 가지 이상의 물질로 분리되는 화학 변화를 말해요.
8 문어나 낙지처럼 연한 몸통에 마디가 없는 동물을 ○○동물이라고 해요.
10 태양계에서 지구보다 바깥쪽에 있는 행성을 일컬어요.
12 생물의 진화 과정을 나무의 줄기와 가지처럼 보여 주는 그림이에요.
13 맹장 끝에 있는 충수돌기에 발생한 염증이에요.
15 수컷의 생식 세포인 정자를 만드는 기관이지요.
17 물질은 기체, ○○, 고체 상태로 존재해요.

🗝 세로 열쇠

1 빛이 나는 장치나 물체를 일컬어요.
2 물체에 작용하는 중력의 크기예요.
3 24절기의 하나로 낮과 밤의 길이가 같고 이후부터 밤의 길이가 길어져요. ↔춘분
5 사람이 만들지 않고 저절로 생겨난 산, 강, 동식물 등을 말해요.
7 오염 물질이 바다로 흘러가 바다가 오염되는 것이에요.
9 몸 밖에서 난자와 정자가 수정하는 것을 말해요.
11 다 자란 곤충이에요.
12 계절에 따라 일정한 방향으로 부는 바람이에요. 몬순이라고 해요.
14 어떤 물질이 물에 녹은 것이에요.
16 짠맛이 나는 흰색 물질이에요. 화학식은 NaCl이에요.

우주 공간을 누비는 탐사선

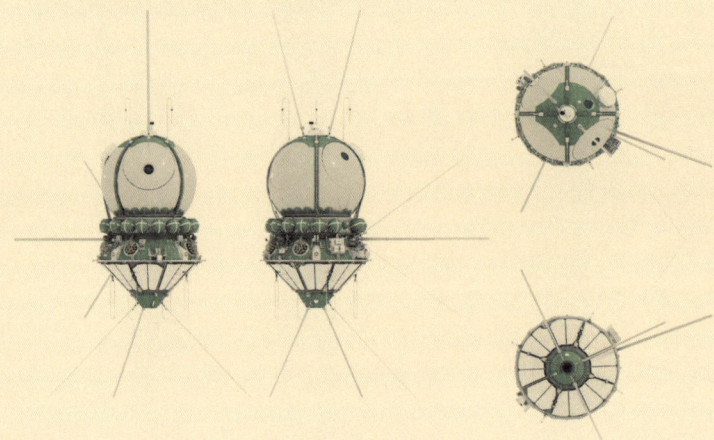

선사 시대부터 인류는 밤하늘을 바라보며 우주에 대해 무한한 호기심을 품었어요. 그 호기심은 과학 기술의 발전과 함께 우주 공간을 누비는 탐사선으로 이어졌어요. 자, 그럼 어떤 탐사선이 어떤 활동했는지 살펴볼까요.

최초의 달 탐사선 루나 1호

1959년에 루나 1호가 달 주변을 최초로 비행했어요. 2호는 최초로 달에 불시착했지만, 3호는 달 뒤쪽 촬영에 성공했지요. 1966년 2월에 발사된 9호는 인간이 만든 물체 중 처음으로 달에 안전하게 착륙했어요. 1970년 9월에는 16호가 처음으로 달 표면의 흙을 채취해 지구로 돌아왔어요.

인류 최초의 유인 우주선 보스토크 1호

1961년 4월 12일에 발사된 보스토크 1호는 유리 가가린을 태우고 지구를 한 바퀴 돈 다음 돌아왔어요. 몇 달 뒤 2호는 25시간 이상 우주에 머물면서 지구를 17바퀴나 돌았지

요. 3호와 4호는 1962년 8월 11일에 발사되어 서로 볼 수 있을 만큼 가까이에서 궤도를 돌았어요. 3호는 94시간이나 우주에 머물러 새로운 기록을 세웠고, 지구 궤도에서 256만 km 이상 비행했어요.

인류 최초로 달에 발자국을 남긴 아폴로 11호

1969년 7월 16일 발사된 아폴로 11호는 7월 20일 달에 착륙했어요. 암스트롱은 달 표면에 첫발을 내디디면서 "이것은 한 인간에게 작은 발자국이지만, 인류에게는 큰 도약이다"라고 말했어요. 올드린도 암스트롱과 함께 달의 흙을 채취하고, 지진계와 레이저빔 반사용 장비를 설치하고, 태양풍 실험 장비를 설치하며 달에서 약 2시간을 보냈어요.

태양계의 끝까지 날아간 보이저 1호

1977년 9월 발사된 보이저 1호는 28년에 걸쳐 140억km를 항해했어요. 태양계와 우주 공간의 경계인 헬리오시스까지 도달했지요. 헬리오시스란 '태양계의 칼집'이라는 뜻으로, 우주로부터 날아오는 높은 에너지 입자들로부터 태양계를 보호하는 태양계의 끝자락이에요.

정답을 알아봐요!

문제 01

¹기	압	²계		³난	반	⁴사
는		⁵절	⁶기			막
줄			⁷단	열	변	화
⁸기	⁹관	계				
	다			¹⁰원	자	력
¹¹삼	발	¹²이		운		
		¹³자	웅	동	체	

문제 02

¹온	실	효	과			²사
도				³해	시	계
⁴조	영	⁵제		왕		
절		⁶일	정	성	⁷분	비
		법			화	
⁸불	규	칙		⁹개	구	리
꽃			¹⁰성	체		

문제 03

¹옥	²수	수		³파	라	핀
	상			리		
⁴위	치	에	너	지		⁵포
	환			⁶옥	잠	화
		⁷갈				용
⁸람		⁹비	티	¹⁰비	용	액
¹¹다	리	뼈		누		

문제 04

¹빛		²헤	모	³글	로	⁴빈
⁵에	테	르		리		혈
너		츠		세		
⁶지	⁷진		⁸어	린	뿌	리
	공		는			
	상		⁹점	이	¹⁰충	리
¹¹생	태	계			운	

문제 05

¹체		²화	석	³연	료
⁴내	행	성		약	
수		암		⁵권	⁶적	운
⁷정	⁸자		⁹고		외
	기		¹⁰등	압	선
	부		동		¹¹기
¹²기	상		¹³물	리	변	화

문제 06

¹내	비	게	²이	션		³탈
시			자			레
⁴경	⁵도		⁶액	화		⁷가	스
	량				시	
⁸편	형	⁹동	물		광	
서		지		¹⁰유	선	형
풍		점		성		

문제 07

¹지			²역	암	
³구	상	성	단		⁴미	르
온			충		생
난			⁵동	물	⁶계
⁷화	⁸산	대		심		단
	성		⁹망	원	¹⁰경
¹¹고	비	사	막		통

문제 08

	¹우	주	²정	거	³장	
⁴핼	리		반		⁵석	⁶유
	은		사			라
⁷전	하			⁸대		시
해		⁹플	라	나	리	아
¹⁰질	¹¹소			무		판
	¹²장	마	철			

정답을 알아봐요!

문제 09

¹태			²풍	력	발	³전
양		⁴송	진			자
⁵전	반	사		⁶전	동	기
지		리		기		파
				저		
⁷셰		⁸위	성	항	⁹법	
¹⁰일	기	도			¹¹선	형

문제 10

¹배	기	가	²스		³교	류
설			⁴마	사	토	
⁵물	⁶체		트			
	순		폰		⁷북	위
⁸친	환	⁹경			극	
수		¹⁰계	면	활	성	제
성		색				

문제 11

¹영		²녹	조	³현	상	
양		는		무		
⁴생	장	점		⁵암	페	⁶어
식						굿
	⁷휘	석		⁸코	로	나
	발		⁹장	마		기
¹⁰만	유	인	력			

문제 12

¹화	학	변	²화		³열	량
폐			⁴성	층	권	
⁵석	⁶순					
	⁷환	경	오	염		⁸맨
	기					틀
⁹기	관	¹⁰지		¹¹중	생	대
		¹²구	심	력		류

118

문제 13

¹세	²포	분	열			³질
	도			⁴투	⁵과	량
⁶무	당	벌	레		산	
기					화	
⁷질	⁸병		⁹탄	산	수	
	원		성		¹⁰소	뇌
¹¹평	균	속	력		수	

문제 14

¹소	화	기	²관			³지
행			⁴성	간	물	질
성			의			시
		⁵수	경	법		⁶한	대
⁷경		직		칙		해
		단				살
⁸표	층	해	류		⁹이	소

문제 15

¹단		²판	구	조	론	
³세	포	막				⁴구
포			⁵기	생	⁶파	리
⁷생	식	⁸기	관		충	
물		후		⁹대	류	권
		협		장		
¹⁰지	시	약		¹¹균	사	체

문제 16

¹반	사	광	선			²습
투			³순			도
⁴명	왕	⁵성		⁶물	시	계
		⁷단	⁸백	질		
			열		⁹췌	
¹⁰진			¹¹전	기	장	판
¹²앙	부	일	구			

119

정답을 알아봐요!

문제 17

	¹탄	소	²발	자	국
³금	성		화		
속		⁴점	성		⁵과
⁶판	게	⁷아		⁸염	산
		미	⁹폐		화
¹⁰작		노	¹¹활	엽	수
¹²용	존	산	소	량		소

문제 18

¹우	주	²복		³상	현	달
심		사		수		
⁴방	⁵광		⁶반	도	⁷체	
	합		사		⁸온	실
⁹수	성		성		계	
증		¹⁰흑	운	¹¹모		
¹²기	준	점		래		

문제 19

¹암	모	니	아		²폐	
술			³불	포	⁴화	
⁵대	⁶서	양			산	
		이	⁷불	⁸연	재	
⁹절	대	온	¹⁰도	료		
지			르	¹¹전	류	
류		¹²모	래	무	지	

문제 20

¹종	자		²선	³태	식	⁴물
의				양		의
⁵기	후	⁶생	태	계		순
원		산			⁷치	환
	⁸진	자				
	동			⁹거	중	¹⁰기
¹¹용	수	철	저	울		체

문제 21

¹아	인	슈	타	²인		³가
메				공		속
⁴바	⁵퀴		⁶북	위	30	도
	⁷리(이)	⁸온		성		의
⁹혈		대				법
¹⁰소	화	기			칙	
판		¹¹후	각	세	포	

문제 22

¹신	재	생	²에	너	³지	
생			탄		⁴방	귀
⁵대	⁶장		올			
	티				⁷일	식
	푸		⁸삼	각	주	
⁹엑	스	¹⁰선			¹¹운	석
		¹²분	해		동	

문제 23

	¹중	추	신	²경	계	
		수		사		³운
⁴연		소		⁵지	각	⁶변	동
금				진		온
술		⁷피(P)	파		동
		부		⁸식	물	계
⁹자	외	선		초	

문제 24

¹오	호	츠	크	해		²폭
줌					³강	우
⁴관	⁵절		⁶전	기	장	
	⁷대	기	압		동	
	영		⁸그	물	⁹맥
¹⁰부	¹¹도	체			아
		¹²관	엽	식	물

정답을 알아봐요!

문제 25

¹천	연	가	²스			³타
동			⁴위	험	⁵반	원
설		⁶고	치		려	
		적		⁷암	⁸염	
⁹상	대	운	¹⁰동		기	
수			류		¹¹꼬	
항		¹²이	항	정	리	

문제 26

¹이	분	법		²적		³기
산			⁴건	조	기	후
⁵화	력	발	전			대
탄			⁶지	⁷동	설	
⁸소	⁹비	자		물		¹⁰고
		타		¹¹모	세	혈	관
		민			포		절

문제 27

¹양	팔	저	²울			³렌
성			⁴대	⁵물	렌	즈
⁶자	⁷전	축		결		형
	염		⁸전	파		은
⁹나	병		류			하
침		¹⁰계	산	¹¹기		
¹²반	투	막		¹³공	생	

문제 28

¹부	²영	양	화		³내	핵
	구				진	
	⁴자	연	⁵선	택	설	
⁶암	석		상		⁷계	급
흑			⁸지	⁹각		
성	¹⁰저		¹¹도	¹²파	민	
¹³운	반	작	용		장	

문제 29

¹아	밀	레	²이	스		³한
가			동			살
⁴미	⁵각		⁶거	름	⁷종	이
	섬		리		유	
⁸화	석			⁹석	¹⁰영	
강		¹¹파	¹²이		양	
¹³암	초		¹⁴완	전	연	소

문제 30

¹수	²소	에	³너	지		
	독		구			⁴우
⁵신	약		⁶리	⁷보	핵	산
호				일		이
⁸등	⁹나	무			¹⁰새	끼
	트		¹¹닭		송	
¹²칼	륨		¹³알	갱	이	

문제 31

	¹제	²초	제		³소	화
		신			금	
⁴수	인	성		⁵민	물	
정				들		⁶모
⁷란(난)	⁸생		⁹크	레	이	터
	¹⁰물	벼	룩			
¹¹광	학		¹²스	펙	트	럼

문제 32

¹작	²은	창	³자			⁴함
	하		석		⁵짝	수
⁶중	수	도			짓	
성			⁷저	기	압	
⁸자	⁹기	장		위		
	화		¹⁰적	도	기	¹¹단
¹²발	열	반	응			층

123

정답을 알아봐요!

문제 33

¹마	주	나	²기		³왜
그			⁴후	⁵천	소
⁶마	⁷찰			연	행
	과		⁸북	두	⁹칠	성
¹⁰갑	상	¹¹선			면
각		인		¹²간	조
류		장		뇌	

문제 34

¹오	목	거	²울		³샛	⁴별
로			룽			자
⁵라	⁶식		⁷도	⁸꼬	마	리
	생			마		
⁹서	대			전		¹⁰꽃
식			¹¹개	구	리	밥
¹²지	느	러	미			

문제 35

	¹일	본	²뇌	염		
	교		하		³안
⁴낙	차		⁵수	력	발	전
하		⁶도	체			반
⁷산	⁸화				⁹전	원
	학		¹⁰유	전	자	
¹¹월	식		체		기	

문제 36

	¹플	레	²밍			³니
⁴테	라		⁵크	⁶레	바	스
	⁷스	콜		이		
	틱		⁸더	듬	⁹이
¹⁰용		¹¹활			끼
¹²암	¹³석	행	성		식
	호		¹⁴탄	수	화	물

문제 37

¹태	평	²양		³우		⁴체
양		⁵수	산	화	⁶이	온
⁷풍	⁸화				슬	
	⁹합	성	¹⁰수		¹¹저	
	물		¹²평	면	¹³거	울
			잡		미	
¹⁴접	붙	이	기		집	

문제 38

	¹인	공	강	²우		³습
		슐		각		도
⁴실	린	더		⁵호	⁶흡	계
리					열	
⁷카	⁸메	라		⁹돋		¹⁰염
	뚜			¹¹보	호	색
¹²포	기	나	누	기		체

문제 39

	¹표	백	²제		³수	
	준		비		⁴은	⁵하
⁶가	시					수
속		⁷박		⁸리	비	도
⁹도	핑	테	스	트		
		리		머		¹⁰본
¹¹봉	숭	아		¹²스	피	드

문제 40

¹유	기	²물		³초	음	파
익		⁴질	산	은		
⁵균	⁶류(유)			⁷하	현	⁸달
	대			단		무
⁹해	류		¹⁰용			지
륙			불		¹¹조	개
¹²풍	화	작	용		류	

정답을 알아봐요!

문제 41

¹열	에	너	²지		³바	다
팽			진		이	
⁴창	⁵자		⁶대	⁷기	오	⁸염
	⁹연	기		생		화
¹⁰직	선		¹¹수	벌		나
	택		학			트
¹²강	설	량			¹³헬	륨

문제 42

¹상	²방	치	³환		⁴인	대
	정		경		도	
⁵침	식			⁶태	양	⁷광
엽		⁸무	역	풍		속
⁹수	용	성		의		
		생		¹⁰눈	사	¹¹태
¹²속	씨	식	물			양

문제 43

¹혈	²액	순	³환		⁴꼽	
	화		⁵형	광	등	
	⁶열	⁷섬		⁸이	⁹리	
		유	¹⁰엔		아	
	¹¹수	소	¹²트	랜	스	
¹³암	술		로			
꽃		¹⁴극	피	동	물	

문제 44

¹나		²안	드	로	메	³다
⁴무	⁵지	개				이
	용		⁶시	베	리	아
⁷항	성		금			몬
생		⁸석	⁹회			드
¹⁰제	¹¹로	섬	오			
	켓		¹²그	리	니	치

문제 45

¹광			²무	척	³추	
⁴원	⁵자		게		⁶분	⁷해
	⁸연	⁹체				양
		¹⁰외	행	¹¹성		오
¹²계	통	수		¹³충	¹⁴수	염
절		¹⁵정	¹⁶소		용	
풍			금		¹⁷액	체

팡팡 과학퍼즐

초판 1쇄 발행 2023년 1월 31일

글쓴이 홍은아
펴낸이 이수빈
총괄본부장 김영숙 | **마케팅** 고예찬 | **경영지원** 손향숙

펴낸곳 주식회사 파란등대
주소 경기도 파주시 심학산로 628, 814호
전화 (031)942-5379 | **팩스** (031)942-5378
홈페이지 yellowpig.co.kr | **인스타그램** @bluelighthouse_pub
등록번호 제2021-000038호 | **등록일자** 2021년 3월 22일

ISBN 979-11-92277-08-0 73400

* 이 책의 그림과 글의 일부 또는 전부를 재사용하려면 반드시 주식회사 파란등대의 동의를 얻어야 합니다.
* 값은 표지 뒷면에 있습니다.
* 책 모서리가 날카로우니 던지거나 떨어뜨리지 마세요.

 파란등대는 널따란 바다에서 길을 찾게 도와주는,
지식의 길잡이와 같은 책을 펴냅니다.